AF275893

Whistler

James McNeill Whistler

La soberanía del Arte
Las polémicas con
Oscar Wilde y John Ruskin

Traducción y prólogo
Juan Camilo Perdomo

casimiro

casimiro [*casimiroa edulis*]

En cubierta: James McNeill Whistler, *Nocturno: Azul y plata - Chelsea* (detalle), 1871, Tate Britain, Londres

ISBN: 979-13-87675-13-4
Depósito legal: M-20125-2025

Hecho en Madrid

PRESENTACIÓN

En los exclusivos círculos de la *café society* de Londres y París, se forjó una curiosa amistad entre dos conocidos dandis: Oscar Wilde y James McNeill Whistler.

Figuras destacadas de la cultura y del arte victorianos, ambos se encontraron en repetidas ocasiones en tertulias intelectuales, donde sus afinidades estéticas les acercaron de manera natural. Al concebir la vida misma como una obra de arte y defender el principio de que el arte es parte integrante de la existencia, compartían una visión del arte que trascendía la mera creación. Su relación, sin embargo, aunque parecía estar fundamentada en el respeto mutuo, nunca fue del todo franca. Detrás de la fachada de cordialidad, cada uno veía en el otro una oportunidad para destacar. Con el tiempo, este afán fue erosionando la relación, convirtiendo la amistad inicial en una rivalidad personal y artística.

Así, aunque Wilde solía alabar las conferencias y las obras de Whistler, resaltando su talento como pintor, su agudeza satírica y su elocuencia, extrañamente estas dos personalidades tan brillantes y similares, aparentemente llenas de admiración mutua, acabaron teniendo una relación especialmente conflictiva.

Esta circunstancia no sorprenderá tanto si consideramos que ambos compartían una natural inclinación hacia el narcisismo y el crearse enemigos.

Cuando se conocieron, Whistler, cerca de veinte años mayor que Wilde, entabló la relación bajo la lógica del maestro/aprendiz, cosa que Wilde aparentemente aceptó.

Whistler se consideraba un genio absoluto en el arte, destinado a impartir su sabiduría, y encontró en Wilde el alumno ideal a tal fin. Wilde, por su parte, no escatimó en elogios hacia Whistler. En su poema *Impression du Matin*, elogia al pintor, y en su gira de conferencias por los Estados Unidos, le dedicará palabras de admiración. En conferencia titulada *House Decoration*, por ejemplo, aconsejó a los artistas americanos incorporar más color en sus obras, indicando a Whistler como modelo para descubrir la belleza y la alegría del color, ensalzando de paso las pinturas de las series *Symphony in White* y *The Peacock Room*.

Con el paso del tiempo, la relación entre Wilde y Whistler se irá deteriorando cada vez más. El distanciamiento habría tenido su origen en un comentario aparentemente inocente de Wilde sobre Whistler, en el que el discípulo pretendía alabar a su maestro al tiempo que buscaba superarlo, levantado la sospecha de insinuar una burla.

Whistler ya había sido blanco de críticas. John Ruskin, por ejemplo, se había mofado de sus obras y lo había calificado incluso como "petimetre", de modo que la susceptibilidad de Whistler ya estaba a la defensiva. Si bien las intenciones exactas de Wilde con ese comentario no están del todo claras, el contexto llevó a Whistler a interpretarlo como una burla en lugar de un elogio, marcando el inicio de su enemistad.

Herbert Vivian relatará este incidente en un artículo, y la famosa respuesta irónica de Whistler será inmortalizada por Max Beerbohm en *Peep into the Past*. Durante una cena organizada por Whistler, se creó un momento de tensión al pronunciar Whistler una ingeniosa frase que impresionó a Wilde. Wilde expresó su deseo de haber sido el autor de esas palabras, lamentando no se le hubieran ocurrido a él. Whistler, con mordaz ironía, respondió, frente a todos: "Ya lo harás, Oscar, ya lo harás", haciendo alusión a la costumbre de Wilde de atribuirse frases e ideas ajenas.

A partir de este incidente, Wilde y Whistler se enzarzaron en un prolongado enfrentamiento público que quedará reflejado en caricaturas y personificaciones. Así, Whistler se burlará de Wilde en diversos dibujos, y Wilde inmortalizará a Whistler de manera sutil pero mordaz en sus obras literarias. En *The Portrait of Dorian Gray*, Whistler fue personificado como Basil Hallward, el artista asesinado, y en el cuento infantil *The Remarkable Rocket*, como un cohete arrogante y pomposo que se cree un genio, en clara alusión al cuadro *Nocturne in Black and Gold: The Falling Rocket* de 1877 -obra, por otro lado, relevante para entender la enemistad de Whistler con Ruskin.

La relación se irá enconando, adquiriendo tintes de profunda y cruel enemistad. Se dice que Whistler espetó comentarios despectivos sobre la homosexualidad de Wilde y mostró regocijo ante su juicio, encarcelamiento y la humillación derivada de su bancarrota, que le obligará a vender casi todo su patrimonio.

Curiosamente, Whistler también había vivido una situación similar años antes, cuando sufrió una bancarrota que le obligó a vender gran parte de sus bienes a raíz de su conflicto con Ruskin.

Ante lo que percibía como constantes ataques e imitaciones a su genio por parte de Wilde, Whistler replicará, aludiendo a su interés por la vestimenta femenina, en la conferencia *Ten O'Clock*, con la que abrimos el libro. Whistler sostendrá en que el esteticismo de Wilde no es sino una torpe y exagerada copia del suyo.

A este ataque, Wilde responderá con un breve artículo en *Pall Mall Gazette*, que ofenderá profundamente a un

Whistler que replicará con una serie de comentarios personales que Wilde no dejará sin respuesta.

Esta rivalidad se convirtió en la comidilla de los mundillos de Londres y París, donde estos dos extravagantes y vanidosos personajes buscaban atraer, para sí, la admiración pública y, para el otro, el repudio.

El encono no era, sin embargo, algo nuevo para James McNeill Whistler. Antes de su disputa con Wilde, ya había protagonizado una sonora contienda con John Ruskin, el aclamado crítico inglés.

Esta polémica comenzó cuando Ruskin vio la obra *Nocturne in Black and Gold: The Falling Rocket*, inspirada en los Jardines de Cremorne, cerca del Támesis en el londinense barrio de Chelsea. Este cuadro, de la serie de *Nocturnos* de Whistler, pretendía captar la sensación de una noche de fuegos artificiales mediante una técnica innovadora y radical, cercana al movimiento del *Art for Art's Sake*. Whistler sostenía que "el arte debe ser independiente de toda tontería, sostenerse por sí solo, apelar al sentido artístico de la vista, sin comprometerse con emociones ajenas a él", en otras palabras, la esencia del arte era la belleza sensorial, el agrado de la vista, y no tenía ningún otro propósito que el placer mismo. Con estas palabras, se forjó una reputación de beligerante y poco dispuesto a aceptar críticas, al tener su arte por excelso e inmejorable.

9

Esta posición dogmática ante la crítica y su idea del "arte por el arte" contrastaban claramente con la estética de Ruskin, defensora de la idea de la obra de arte con propósito moral. Así, cuando, en 1877, Whistler presentó la mencionada obra en la Grosvenor Gallery, un espacio -creado por Sir Coutts Lindsay- que acabará siendo refugio del arte más vanguardista, Ruskin quedó atónito ante una propuesta de marcado tono impresionista.

Esta obra, sorprendente para el arte inglés del momento -no obstante el antecedente de Turner- fue recibida con una crítica feroz.

En sus cartas de *Fors Clavigera*, Ruskin no escatimó en censuras hacia la obra, llegando a calificarla de "lata de pintura arrojada al rostro del público". Estas palabras, duras e irónicas, más que una crítica estética, expresaban un juicio moral, pues para Ruskin el arte de Whistler no era sino un engaño comercial.

En esto radica parte del meollo de la cuestión, en que la crítica de Ruskin no fuera meramente estética, sino esencialmente moral. Tenía las propuestas de Whistler no por verdaderas obras de arte y sí por objetos comerciales carentes de lo que consideraba esencial a todo arte: la verdad moral y la verdad material. Lo que más enalteció a Ruskin fue el precio del cuadro, nada menos que doscientas guineas, para a pieza, según él, coja e inacabada; y, a mayor abundamiento, pintada en tan sólo un día, algo inconcebible en ese momento artístico inglés tan obsesionado con el *acabado* y la meticulosidad asociada al realismo. De ahí que, para Ruskin, se tratara de un engaño en toda regla dirigido a espectadores ingenuos e inocentes que pagarían por un arte que él percibía como un simple producto individual y narcisista, carente de valor real.E ntre sus allegados, Ruskin calificó la obra como burda y de mal gusto.

Curiosamente, investigaciones recientes sugieren que, aunque el cuadro puede parecer abstracto, especialmente según los cánones de la época, la avanzada enfermedad neurológica de Ruskin pudo haberle causado un problema ocular, haciendo que percibiera la pintura de manera muy diferente a lo que realmente era. Pero, quizás, no sea este argumento otra cosa que un simple intento de defender a Ruskin, toda vez que otros cuadros de la misma época recibieron sus elogios sin que interfiriera un supuesto daño en su visión.

Indignado por la crítica, Whistler consideró la reseña de Ruskin como la más denigrante que jamás le habían hecho y decidió llevar al crítico a los tribunales por difamación. Esperaba que el juicio no sólo le permitiera restaurar su honor, sino también aliviar sus agobiantes deudas económicas, reclamando una compensación de mil libras, además del pago de las costas.

La acusación de difamación estaba motivada en que la crítica de Ruskin, académico y crítico influyente, habría ayuntentado a los potenciales compradores de sus obras. Según alegó el representante de Whistler, Ruskin había descrito sus cuadros de manera tan despectiva que muchos coleccionistas renunciaron a comprar sus obras y sus mecenas le retiraran el apoyo, con los consiguientes perjuicio económico y daño a su reputación como artista.

La denuncia tardó un año en llegar a juicio. En 1878, la vista se abrió en la Corte Suprema de Justicia, con el Barón Huddleston como juez y un jurado especializado, supuestamente versado en arte. Ruskin no pudo asistir debido a su enfermedad, por lo que envió a Sir John Holker como su representante legal y a pintores como Edward Burne-Jones como testigo -el cual, al parecer, se presentó ante la Corte no de buena gana, tan sólo para devolver un favor que le debía a Ruskin.

Las crónicas dicen que, desde el inicio del juicio, el jurado mostró cierta preferencia por Ruskin y un poco disimulado desprecio por la obra de Whistler, el cual solicitó a la corte que no se considerara su cuadro como una pintura tradicional, sino como un evocación artística. Tal y como explicó, su intención no era retratar los jardines tal y como se veían de noche, sino evocar la impresión de la luz que desprendían los fuegos artificiales. A diferencia del enfoque de Ruskin, que promovía el valor moral del arte, Whistler, entiendo que esa posición pertenecía al pasado, sostenía que la tarea del artista debía consistir simplemente en evocar impresiones, sin obligación de transmitir cualesquiera mensajes morales.

Un detalle curioso y desafortunado del juicio fue que, según cuentan, al explicar su cuadro, Whistler lo mostró bocabajo, generando confusión en el jurado y entorpeciendo su alegato.

Aunque fueron varios los pintores y allegados que le prometieron su apoyo durante el juicio -así lo hizo, por ejemplo, como Albert Moore- la mayoría finalmente no asistió, temiendo verse perjudicados como artistas por las valoraciones de un crítico tan poderoso como Ruskin.

A pesar de estos contratiempos, Whistler ganó el juicio, pero el resultado se quedó muy lejos de lo esperado, siendo la compensación raquítica. Algunas fuentes indican que fue de un penique, otras, que fue de un cuarto de penique, concedido por "daños y perjuicios", debiendo cada parte asumir las costas correspondientes del juicio, todo lo cual dejó a Whistler en una situación financiera aún más precaria.

La sentencia fue un duro golpe para Whistler, el cual, esperando, cuando menos, cubrir sus gastos legales, vio por ello aumentar su deuda, hasta el extremo de tener que declararse en bancarrota y acabar subastando gran parte de su obra, así como su casa en Tite Street.

13

Ruskin, por su parte, dado los altos costes legales -una caricatura en *Punch* mostró a los abogados como serpientes-, recibió el apoyo de artistas y académicos de la Real Academia de Artes, que se unieron para pagar los honorarios de su defensa.

La victoria de Whistler en el juicio puede achacarse a dos factores principales. En primer lugar, la ausencia por enfermedad de Ruskin, que no pudo defenderse adecuadamente ni explicar su visión estética o la importancia de la crítica para la sociedad. En segundo lugar, uno de sus principales testigos, el pintor prerrafaelita Burne-Jones, aun afirmando que la pintura de Whistler no era una verdadera obra de arte, admitió que, no obstante su extrañeza, la pieza poseía cierta calidad y técnica artísticas.

Aunque la sentencia dictaminó que Ruskin había cometido difamación, el juez consideró que llevar a juicio un asunto de esa naturaleza no había hecho más que "hacer perder el tiempo al tribunal" y que el derecho a expresar opiniones no podía castigarse; de ahí que la cuantía de la compensación fuera mínima

La victoria, pírrica para Whistler, también marcó al derrotado Ruskin. El periódico *The Times*, que siguió el caso de cerca, afirmó que "el fallo del juez fue una censura para ambos personajes". Para Ruskin, cuya salud ya estaba en declive, el golpe fue devastador: sufrió, al parecer, una crisis emocional que lo llevó a renunciar a su cátedra en Bellas Artes en Oxford y a retirarse de la crítica de arte, al sentir que el juicio había empañado su reputación como crítico. Se convirtió, además, en blanco de críticas y bromas. Henry James, cuya opinión y reconstrucción del suceso incluimos en este libro, dirigió parte de sus ataques hacia Ruskin, al tiempo que Edward Linley Soborne, caricaturista del *Punh*, se burló de él en viñetas en las que lo señalaba como *El Sr. Narciso Ruskin*.

Whistler, como hemos dicho, se vio obligado a subastar gran parte de su obra en un intento desesperado por recuperar su estabilidad financiera; trance que durará años. Y tampoco escapó a la crítica y la burla, también en *Punch*, que describirá su pintura como "una mancha de barro [...] toda una desparrame de tinta sin motivo alguno". Desilusionado y marginado, Whistler intentó alejarse del mundo de la pintura inglesa, especialmente del ámbito académico donde no era bien recibido. Aun así, fiel a su extravagancia y narcisismo, cometerá un acto que muchos ingleses consideraron de muy mal gusto: llevaba siempre consigo, como un trofeo, dentro de su reloj de bolsillo, el penique que ganó en el juicio, jactándose de su victoria en un gesto que fue visto como una vanagloria innecesaria y ofensiva.

Este enfrentamiento judicial ha sido interpretado posteriormente como algo mucho más significativo que una simple disputa personal. Para algunos, representa una batalla entre el arte viejo y el nuevo, una confrontación entre el moralismo artístico de Ruskin y la vanguardia experimental esteticista defendida por Whistler. Otros lo han visto como un choque entre el impresionismo y su rechazo, mientras que otros, acaso más acertados, lo han interpretado como una pugna entre el derecho a la crítica y el dogmatismo individualista que no acepta comentarios negativos.

John Ruskin creía firmemente que la crítica desempeñaba un papel fundamental, informando a los espectadores y creando un clima de diálogo y debate. Para él, la crítica tenía una función moral, ayudando a guiar al público hacia una apreciación más profunda del arte a través de la discusión. Whistler, por el contrario, consideraba la crítica como mera opinión, y sostenía que los críticos, al carecer de capacidad artística, no tenían derecho a juzgar el arte. En su visión, aquellos que no podían crear arte tampoco podían criticarlo, ya que les faltaba la virtuosidad necesaria para entenderlo.

Según algunos biógrafos, Whistler era de talante poco democrático y no concebía un ambiente de crítica y debate sobre algo en lo que él se consideraba excelso. En este sentido, la demanda judicial contra Ruskin, puede entenderse también como una lucha entre lo individual y lo comunitario, entre el genio autoproclamado y la voz colectiva del juicio público.

Pero este no fue el verdadero germen de la enemistad entre Ruskin y Whistler. Como hemos dicho, Ruskin ya había llamado a Whistler "petimetre" y valorado *sotto voce* su obra como "basura", carente de armonía, sin calidad artística e inacabada. Según algunos estudiosos, estas críticas de Ruskin no se debían tanto a la calidad de la obra de Whistler, como a un desencuentro personal. Whistler, en efecto, no mostraba adulación hacia Ruskin, como sí hacían otros artistas de la época, lo cual podría haber irritado al crítico. Además, podría haberse dado una mala predisposición mutua provocada por la relación de Whistler con C. Augustus Howell, un personaje polémico en el círculo artístico inglés.

Por otro lado, Whistler ya había con anterioridad menospreciado a Ruskin, afirmando que no tenía idea alguna sobre arte. Y en esto mismo radica la principal crítica de Whistler hacia Ruskin: al tenerlo exclusivamente como un escritor, estimaba que no debía inmiscuirse en asuntos de pintura que le eran ajenos por no ser pintor. Pero entonces, ¿quién puede ser crítico? ¿Sólo el artista?

Whistler, es cierto, señala un peligro inherente a la crítica: el que cualquiera pueda opinar sobre una obra sin que, las más de las veces, su opinión se base en argumentos sólidos, y sí en meras apreciaciones emitidas desde el perfecto desconocimiento de la verdad de los procesos artíticos.

Ruskin, sin embargo, también tiene un argumento de peso al defender la utilidad de una crítica bien fundamentada y argumentada que no sólo advierta al público de las fallas, falsedades o artificios de un artista que intenta engañar, sino que esté vigilante para evitar que las imposturas sean aceptadas como legítimas por el mundo del arte. En este sentido, la crítica tiene una función vital, especialmente en un contexto como el inglés, de reconocida tradición y asentada profesionalización.

Whistler lamentaba la degradación de la crítica que, según él, había caído en una especie de superchería donde cualquiera se sentía con el derecho de criticar. Como sostenía el crítico Matthew Arnold en su *The Function of Criticism at the present Time*, la crítica debería acaso ser "un esfuerzo desinteresado por dar a conocer y propagar lo mejor de cuanto los hombres saben y piensan en el mundo", y convertirse así en "un genuino profeta de lo que llamamos cultura". De lo contrario, como también Arnold advertía, una crítica sin fundamento resultaría peligrosa y dañina para el arte. En sus palabras, "quien hable de estos temas debe ser un filósofo solemne que haya asimilado bibliotecas enteras de filosofía". Así, críticas ligeras como las que se publicaban en periódicos y revistas inglesas de la época provocaban un enorme daño al oficio mismo de la crítica. Y este es uno de los puntos más relevantes en la oposición de Whistler a Ruskin: la banalización tanto del arte como de la crítica. De ahí la necesidad de una crítica objetiva.

A pesar de que la defensa de Ruskin argumentó que, sin crítica, ningún artista podría ser famoso, lo cierto es que, paradójicamente, sin crítica cualquier persona podría ser "artista". Igualmente, hay un punto clave en la afirmación: "lo que representa mi pintura depende sólo de quien la observe". Pero esto plantea dos problemas para ambos autores. Primero, para Whistler, pues al sostener que sólo un pintor puede hablar de pintura, debe aceptar que, aunque la crítica venga de un pintor, en última instancia, más allá de los aspectos técnicos de una obra, lo que realmente importa es lo que ésta significa y representa, lo cual pertenece a una esfera completamente subjetiva.

Al mismo tiempo, para Ruskin, como para muchos críticos de la época que concebían la crítica como una ciencia de lo bello, esta afirmación resulta una inaceptable, pues implica suponer que su "ciencia" está hecha de juicios y opiniones personales.

Si el conflicto de Whistler con la crítica de Ruskin radica principalmente en que Ruskin no era "artista", el problema con la crítica de Wilde parece ser diferente. Wilde sí era un artista, y Whistler lo sabía, lo que hace que su disputa parezca más un ataque personal que una disputa fundamentada. Aun así, subyace en la misma un argumento similar al de Ruskin, en el sentido de que Wilde, como poeta, no debía opinar sobre pintura ni inmiscuirse en otras artes, y, mucho menos, fruto de excesivo esteticismo, tener banalidades, como la vestimenta, por expresiones artísticas.

Como sea, sus ataques a la crítica refuerzan la idea de que Whistler, en última instancia, odiaba cualquier tipo comentario negativo a su obra y persona, lo que explicaría su deseo expreso de acabar con los críticos. Sin embargo, este deseo acarrea un gran peligro, ya que sin un juicio experto que evalúe las obras, todo y nada podría considerarse arte, lo que llevaría a una relación superficial y mecánica del espectador con el arte, perdiéndose así su dimensión espiritual. Como bien advertirá Kandinsky años después en *De lo espiritual en el arte*, esta banalización terminará afectando a la autenticidad de la experiencia artística, como queda de manifiesto en esas largas filas de espectadores que acuden en masa a los museos por moda y no por amor al arte. Pero aquí se revela uno de los graves errores de Whistler, caer al extremo de afirmar que ni siquiera el público está capacitado para contemplar el arte y que a los museos prácticamente solo podrían entrar los propios artistas.

Con todo, Whistler siguió en su empeño de eliminar la crítica y Wilde, que era un crítico perspicaz, lo denunció, defendiendo de paso a Ruskin, uno de sus maestros. En opinión de Wilde, el literato puede criticar la pintura, por cuanto la literatura también es arte, y el arte es sólo uno; además, según Wilde, la relación del artista con el arte es más estrecha en el poeta que en el pintor.

Paradójicamente, la ausencia de crítica tiene mucho en común con la proliferación de críticas sin fundamento: ambas acaban por no decir nada, dejando al público a merced de un concepto de arte flotante y banal, siendo crucial mantener la pluralidad de voces tanto en el arte como en la crítica.

En fin, más allá de esta digresión, estos dos episodios, el de Wilde y Ruskin, cuyos testimonios reunimos aquí, son relevantes no solo por el atractivo del cotilleo de la época entre tres personalidades tan eminentes del arte victoriano, sino también por su importancia en la historia del arte y su impacto en el arte inglés. Whistler, quizás consciente de esto, y seguramente esperando obtener réditos económicos, decidió publicar dos libros: *Whistler vs. Ruskin* y *The Gentle Art of Making Enemies*; además de su conferencia *Ten O'Clock*. Con estos textos, astutamente, esperaba capitalizar el sensacionalismo que estas situaciones habían generado en el público, aprovechando la fascinación de la sociedad victoriana por las disputas entre figuras prominentes, pensando que, dado el amplio seguimiento dado por la prensa al juicio, lanzar un libro podría compensar las pérdidas financieras que había sufrido. Así, decidió publicar *Whistler vs. Ruskin*, un pequeño ale-

21

gato contra el crítico, editado por Chatto & Windus y dedicado a Albert Moore, el artista que acudió en su defensa durante el proceso judicial. Con la editorial Heinemann publicó *The Gentle Art of Making Enemies*, en el que recopila detalles del juicio, añadiendo comentarios personales. Este libro tuvo dos ediciones, siendo la segunda fue una versión ampliada que incorporaba artículos de revistas y periódicos que habían seguido de cerca el caso. A pesar de que *Whistler vs. Ruskin* tuvo tres ediciones y *The Gentle Art of Making Enemies* dos, ninguno de los libros recibió la acogida ni el reconocimiento que Whistler esperaba. Tampoco lograron mejorar significativamente su popularidad o reparar su imagen tras el escándalo del juicio.

El libro sobre Wilde fue editado años después de la muerte de ambos autores por Leonard Smithers, el polémico editor que había sido bastante cercano a Wilde. La obra recopila los artículos que ambos autores se dedicaron mutuamente. Smithers lanzó una tirada limitada de quinientas copias que distribuyó privadamente y que, debido a la notoriedad de Whistler y Wilde, se agotaron rápidamente.

En esta edición, hemos traducido los textos de estos tres libros para mostrar así las dos enemistades de Whistler, ambas artísticas, pero una de trasfondo personal y la otra académico, y poder sumergirnos en esa época turbulenta y reflexionar sobre cómo las enemistades y las batallas ideológicas moldearon no sólo las carreras de los artistas, sino también el curso de la historia del arte. Las enemistades artísticas entre Whistler, Wilde y Ruskin, no solo fueron batallas de egos o confrontaciones personales, sino que también reflejaron profundas divergencias en la concepción del arte y su propósito en la sociedad y nos permiten vislumbrar una era en la que el arte no solo era una cuestión de estética, sino también de principios, valores y parte de la cotidianidad.

La rivalidad con Wilde, teñida de una mezcla de admiración y resentimiento, fue una lucha por el reconocimiento y la originalidad en un mundo donde la línea entre la inspiración y la imitación era delgada. Pero la disputa con Ruskin, expuso la tensión entre la innovación artística y las expectativas tradicionales de la crítica y permitió reflexionar sobre el papel del arte en la sociedad.

Como espectadores, nos queda la difícil tarea de decidir de qué lado estamos, si es que hay uno, o simplemente podemos detenernos a apreciar el arte mismo, aunque sea el arte de hacer enemigos.

WHISTLER CONTRA WILDE

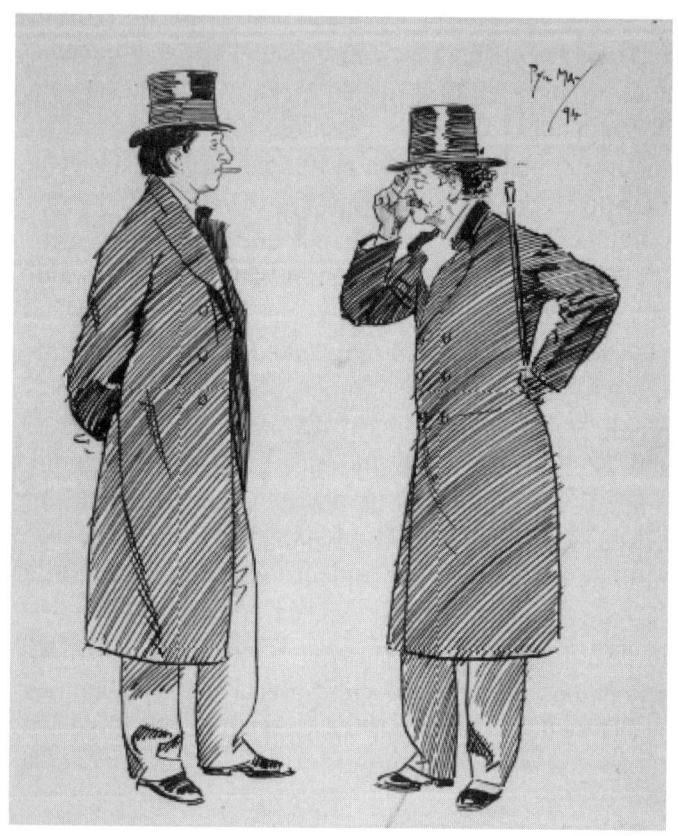

Oscar Wilde & Whistler.
Phil May. 1895.
Art Institute of Chicago.

LAS DIEZ EN PUNTO

James McNeill Whistler
Discurso Público. Prince's Hall, Piccadilly. Febrero 1885

¡DAMAS Y CABALLEROS!

Con gran vacilación y mucha aprehensión he decidido presentarme hoy ante ustedes, en el personaje de: El Predicador.

Si la timidez, de alguna forma, está relacionada con la virtud de la modestia, y puede ganarse su favor, les ruego que, por el bien de tal virtud, concedan su mayor indulgencia.

Alegaría mi falta de costumbre, si no me parecería algo absurdo a juzgar por el precedente, o si mi relación con el tema fuera deficiente y hablara con el más impúdico descaro, pero, por supuesto, no voy a ocultarles que mi intención aquí hoy es hablarles sobre Arte. ¡Sí, Arte!, ese que últimamente se ha convertido en medida de la discusión y la escritura, y que para muchos es un tema trivial a la hora del té.

¡El Arte está en la ciudad! Presto para ser acariciado por el galante que pasa, queriendo atraerlo al interior de las casas, dispuesto a engatusarlo para que, así, demuestre

25

cuánto sabe, como una prueba de su cultura y refinamiento.

Si la cercanía puede dar lugar al desprecio, sin duda el Arte, o lo que hoy se entiende por él, ha alcanzado su nivel más bajo de intimidad.

La gente es acosada con el Arte en todas sus formas, molestada con sus muchos métodos. ¡Hasta se les ha dicho cómo amar el arte y vivir con él! Sus hogares han sido invadidos, sus paredes cubiertas de papeles, su propia vestimenta sometida a examen hasta que, por fin, cuando despierten, atónitos y repletos de dudas, desconcertados por tales sugestiones sin sentido, resistiéndose a semejante intrusión, rechacen todos los falsos profetas que han desprestigiado el nombre de lo Bello.

¡Ay! Damas y caballeros, el Arte ha sido difamado, no tiene nada de estas viles prácticas, es una diosa del pensamiento delicado, reservada en sus costumbres, abjurando toda intromisión, y sin intención alguna de mejorar a los demás.

Está egoístamente ocupada en su propia perfección, sin ninguna pretensión de enseñar, busca y encuentra lo bello sin importar su condición o su época, al igual que el su sumo sacerdote Rembrandt al ver la grandeza pintoresca y la noble dignidad del barrio judío de Ámsterdam sin lamentar que sus habitantes no fueran griegos.

Como lo hicieron Tintoretto y Paolo Veronese, entre los

26

venecianos, sin detenerse a cambiar las sedas brocadas por las clásicas cortinas de Atenas.

Como lo hizo en la Corte de Felipe, Velázquez, cuyas Infantas vestidas con aros antiestéticos son, como obras de Arte, de igual calidad que los mármoles de Elgin.

No eran reformadores estos grandes hombres, ni mejoradores de las costumbres de los demás. Sus producciones, únicamente, eran su mayor preocupación y, embebidos por la poesía de su ciencia, no pretendían alterar su entorno, pues, como las leyes del Arte les fueron reveladas solo a ellos, veían, en el avance de su propio trabajo, la verdadera belleza que, para ellos, era tan certera y triunfante, como para el astrónomo lo sería verificar el resultado previsto con una luz que solo a él le es dada. Su mundo estaba completamente separado del de sus semejantes, para quienes no hay obra perfecta que no se explique por el beneficio que pueda conferirles a ellos mismos (la Humanidad ocupa el lugar del Arte), a la vez que las creaciones de Dios son excusadas por su utilidad.

La belleza se confunde con la virtud y ante una obra de Arte, siempre se preguntan: "¿Y qué provecho tiene?".

De ahí que la nobleza de la acción, en esta vida, esté irremediablemente vinculada al mérito de la obra que la retrata, y así la gente ha adquirido el hábito de mirar, por así decirlo, no al cuadro, sino a través de él, queriendo ver algún hecho humano que, desde un punto de vista social, mejore su estado mental o moral. Y así , hoy en día, hemos llegado a escuchar sobre la pintura que eleva, acerca del deber del pintor, del cuadro que está colmado de pensamientos o del lienzo que apenas decora.

La creencia predilecta entre quienes enseñan es que ciertos períodos históricos fueron especialmente artísticos y que naciones, nombradas por ellos con facilidad, han sido siempre amantes del Arte.

Así, se nos ha dicho que los griegos eran, como pueblo, adoradores de lo Bello, que en el siglo XV, el Arte estaba arraigado en la multitud, que los grandes maestros vivieron en común entendimiento con sus mecenas o que los antiguos italianos fueron todos artistas, consecuencia de la demanda por cosas bellas.

Y también que nosotros, hoy en día, en un burdo contraste con esa bella pureza arcádica, clamamos por lo torpe y obtenemos lo feo, o que si tan solo pudiésemos cambiar nuestros hábitos y clima, si estuviéramos dispuestos a vagar por los bosques, si pudiéramos liberarnos de la ropa de tela gruesa, si pudiéramos vivir sin prisa y viajar sin velocidad, volveríamos a necesitar la cuchara de la reina Ana, pues comeríamos guisantes con un tenedor de dos púas.

Y así, para la multitud, pequeños poblados crecerían cerca de Hammersmith y despreciarían al caballo de vapor

¡Inútil! ¡Totalmente desesperado y falso! Todo construido sobre fábulas, y todo porque "un hombre sabio pronunció tal banalidad y llenó su vientre con el viento del Este".

¡Escuchen! ¡Nunca ha habido algo como un período artístico!

Nunca hubo una nación amante del arte.

Al principio, los hombres salían cada día, algunos a la batalla, otros a la caza, otros a cavar y excavar en el campo, todo para ganar y vivir o perder y morir, hasta que entre ellos apareció uno diferente a los demás, al que tales ocupaciones no le atrajeron y se quedó así junto a las tiendas, con las mujeres, y trazó extraños diseños sobre una calabaza vacía con una rama quemada.

Este hombre, que no disfrutaba de los oficios de sus hermanos, no se preocupó nunca por conquistar o cazar, ni se interesó por el campo, sino por los bellos diseños de patrones, peculiares y pintorescos, en los que este creador de lo Bello, plasmaba los diseños que percibía en la Naturaleza a su alrededor: las curiosas curvas de las plantas, los rostros en las llamas. Él fue un soñador y fue el primer artista.

Y cuando del campo y desde lejos, regresaron sus hermanos, tomaron la calabaza y bebieron de ella.

Y pronto llegó, después de este hombre, otro y con el tiempo, otros de naturaleza similar, elegidos por los dioses y así trabajaron todos juntos y rápidamente moldearon, de la tierra humedecida, formas parecidas a la calabaza y, con el poder de la creación y el legado del artista, superaron con creces la desprolija sugerencia de la Naturaleza y nació con ellos el primer cáliz de proporciones hermosas.

Y cuando los trabajadores tuvieron sed, y cuando los héroes regresaron de nuevas victorias prestos a festejar con su gente, bebieron todos de estas copas de artistas, fabricados con el ingenio y la creatividad, sin siquiera notar el trabajo del artista, sin entender la gloria de su trabajo, bebiendo en la copa no por elección, ni por ser conscientes de que fuera una bella pieza, sino porque, simplemente, no tenían más de donde tomar.

Y el tiempo trajo más pompa y más lujos, e hizo conveniente que los hombres vivieran en enormes casas y descansaran en amplios sofás y comieran en mesas, y así el artista, junto a sus ayudantes, construyó palacios y los llenó de muebles de hermosas proporciones y encantadores a la vista. Y los pueblos vivieron entre milagros artísticos, y comieron y bebieron de Obras Maestras, mas no por ser bellas, sino porque no había nada más en donde comer y beber, ni algún otro edificio en el cual vivir, o algún artículo de la vida diaria que no hubiera pasado por la mente y el diseño del Maestro o las manos de sus ayudantes.

Y nadie cuestionó nada, ni tuvo nada que decir al respecto.

Así, Grecia, vivió en todo su esplendor y el Arte reinó como ser supremo, a fuerza y no por elección, y el guerrero nunca osó a ofrecer un diseño diferente para el templo de Palas Atenea, así como el poeta 'sagrado' tampoco propuso plan distinto para la construcción de una catapulta.

Y el 'aficionado' al arte era algo desconocido y el 'diletante' totalmente impensado.

Y la historia se siguió escribiendo, y las conquistas acompañaron a la civilización y el Arte se extendió, o mejor dicho, sus productos fueron extendidos por los vencedores entre los vencidos, de un país a otro, de modo que todos los pueblos continuaron usando solo lo que los artistas habían producido.

Y pasaron así los siglos, y el mundo se inundó con lo Bello, hasta que surgió una nueva clase que descubrió las baratijas y entrevió fortuna en la fabricación de tales supercherías, y entonces surgió la existencia de lo vulgar, de lo común y de las fruslerías.

Y el gusto del comerciante suplantó la ciencia del artista y todo lo que se hacía por millones lo cautivó, pues era conforme a su propio corazón, y tanto los grandes como los pequeños, el político como el esclavo, adoptaron la abominación que se les ofrecía, e incluso lo prefirieron, y asó han vivido todos desde entonces.

Y el oficio del artista desapareció y el fabricante y el vendedor tomaron su lugar.

Y la gente tuvo mucho que decir sobre el asunto, y todos se sintieron satisfechos, y en Birmingham y Manchester levantaron su poder, y el Arte fue relegado a las simples tiendas de curiosidades.

Aunque la Naturaleza contiene los elementos del color y la forma de todos los cuadros, así como el piano contiene las notas de toda la música, el artista nace para seleccionar, elegir y agrupar con ciencia, con técnica, estos elementos para que el resultado sea Bello, así como el músico recoge sus notas y forma sus acordes hasta que de un caos, extrae una hermosa armonía.

Decirle al pintor que debe retratar la naturaleza tal y como es, es como decirle al pianista que se siente sobre del piano.

Que la Naturaleza siempre tiene razón es otra afirmación artísticamente falsa, pese a ser una verdad universalmente aceptada. La Naturaleza rara vez es precisa, al punto de que casi que se podría decir que la Naturaleza casi siempre está equivocada, es decir, la cualidad de perfección en sus productos, de armonía digna de un cuadro, es rara y nada común.

Esto parecería, incluso para el más inteligente, una doctrina casi blasfema, pues tan incorporado está en él este supuesto aforismo, propio de nuestra educación, que tal creencia es parte de nuestro ser moral, y al escucharlas, nuestro oído oye el sonido religioso. Aun así, rara vez la naturaleza logra producir un buen cuadro.

El sol brilla intensamente, el viento sopla desde el Este con fuerza, el cielo está despejado, desprovistos de nubes, y afuera todo está hecho de hierro. Las ventanas del Crystal Palace se ven desde cada punto de Londres, pero el viajero se regocija con el glorioso día y el artista se aparta para volver a cerrar los ojos.

Cuán poco se comprende esto, y cuán obedientemente se acepta como sublime lo casual de la Naturaleza, causando una admiración inusitada por una Naturaleza que diariamente produce un atardecer; bastante insulso por cierto.

La dignidad de la montaña nevada se pierde en la distancia, pero la alegría viajero reside simplemente en reconocer al viajero en su cima. El deseo de ver, por el simple hecho de ver, es, para las masas, lo único que debe ser satisfecho, de ahí su deleite por los detalles.

Pero cuando la niebla crepuscular engalana la ribera del río con toda su poesía, como cubriéndola con un velo, y los edificios se pierden en el cielo oscuro, y las altas chimeneas se convierten en campanarios, y los almacenes se hacen palacios en la noche, y toda la ciudad cuelga en los cielos como en el país de las hadas, entonces el viajero se apresura a regresar a casa, mientras el artista y el cultivado, el sabio y el amante del placer, se preguntan cómo es que pudo dejar de ver, pues por una vez la Naturaleza canta en sintonía. Pero ella solo canta su exquisita canción para el Artista, para su hijo y amo; su hijo en el sentido de que la ama, su amo en el sentido de que la conoce.

A él se le revelan sus secretos, para él sus lecciones se vuelven gradualmente claras. Él mira la flor, no con la lente de aumento, como para reunir datos a un botánico, sino con la luz de quien ve, con todos sus tonos brillantes y sus matices delicados, con las sugerencias de futuras armonías.

No se limita a copiar sin propósito cada hoja de hierba, como recomendarían los inconsecuentes, sino que, en la larga curva de la hoja estrecha, corregida por el tallo recto y elevado, aprende cómo la gracia se une a la dignidad, cómo la fuerza realza la dulzura y cómo su conjunto concede un fino resultado.

Y en el ala de la pálida mariposa, con sus delicados puntos naranjas, ve delante suyo los majestuosos salones de oro precioso, con sus esbeltos pilares de azafrán, y aprende cómo el más delicado diseño, en lo alto de las paredes, debe ser trazado con los tonos suaves del oropimente, y repetido en la base con notas de un tono más grave.

Y en todo lo delicado y encantador, encuentra las pistas para sus propias combinaciones, y así la Naturaleza es siempre su recurso y siempre está a su servicio, y a él nada le es negado.

A través de su cerebro, como a través del último alambique, se destila la esencia refinada de aquel pensamiento que comenzó con los dioses, ese que ellos le entregaron a él para que lo llevara a cabo.

Destinado por ellos para completar sus obras, él produce esas maravillosas piezas llamadas Obras Maestras, piezas que superan en perfección todo lo que ellos han ideado en lo que llaman Naturaleza, y los dioses, observando, se maravillan con ellas y perciben cuán aún más hermosa es la Venus de Milo comparada con su propia Eva.

Pero desde hace algún tiempo, el escritor aislado se ha vuelto intermediario en este asunto del Arte y en su influencia, ensanchado la brecha entre el pueblo y el pintor, ha provocado un completo malentendido sobre el objetivo del cuadro.

Para él, un cuadro es casi un jeroglífico, un mero símbolo de la historia. Además de ciertos términos técnicos que no pierde oportunidad en exhibir, considera las obras desde un punto de vista meramente literario (es más, ¿desde qué otro podría considerarla?, piensa), y en sus ensayos las aborda como si fuera una simple novela, una historia, una anécdota.

Falla totalmente en su apreciación, yerra, naturalmente, en observar sus aciertos o faltas artísticas, y, así, degrada al Arte en su presunción de que es un mero artificio para alcanzar un clímax literario.

Así, en sus manos, la Belleza se convierte, en principio, en un método para perpetrar algo más, y su verdadera misión se vuelve secundaria, del mismo modo que un medio es secundario a un fin.

Sus pensamientos, nobles o no, están inevitablemente asociados al incidente y se vuelven más o menos nobles según la elocuencia o la calidad mental del escritor, quien, mientras tanto, con desdén observa lo que él considera una "mera ejecución", a un asunto que, cree, pertenece a la formación de las escuelas y a la recompensa de la asiduidad, de manera que, mientras avanza con su traducción del lienzo a papel, la obra se convierte en una suya, encontrando poesía justo donde él la sentiría, invención en la complejidad de la puesta en escena, filosofía en algún destello de filantropía y coraje, modestia o virtud según lo sugiera cada situación.

Todo esto surge en él y, apelando a su imaginación, da como resultado un precario retrato, de hecho, podría afirmarse con seguridad que generalmente siempre es así. Mientras tanto, la poesía del pintor se le ha escapado. La asombrosa invención que otrora dio forma y color en perfecta armonía a la exquisitez de su obra, es a menudo incomprendida, y la nobleza de pensamiento con la que el artista habría dotado de dignidad a su pieza, no le dice a él absolutamente nada. De este modo, sus elogios publican virtudes que nos sonrojamos de poseer, mientras que las grandes cualidades que distinguen una obra de las mil, que hacen de la Obra Maestra la pieza hermosa que es, nunca son mencionadas en absoluto.

Podemos estar seguros de que esto es así apenas con mirar las antiguas críticas sobre exposiciones pasadas o al leer las adulaciones vertidas sobre hombres que desde entonces ya han sido olvidados por completo, pero cuyas obras el literato se excedió en rapsodias que no dejaron nada que explicar a la Galería Nacional.

Un asunto curioso en su efecto sobre el juicio de estos caballeros es su vocabulario repleto de simbolismo poético que les ayuda, por costumbre, a relacionarse con la naturaleza: una montaña, para ellos, es sinónimo de altura, un lago, de profundidad, el océano, la vastedad, y el sol la gloria. Así, un cuadro con una montaña, un lago y un océano, por pobre que sea en pintura, será inevitablemente alto, vasto, infinito y glorioso sobre el papel.

También están aquellos, de semblante sombrío, sabios solo por la sabiduría de los libros, que frecuentan museos y cavan en criptas, coleccionando, comparando, compilando, clasificando y contradiciendo. Estos expertos, para quienes una fecha es un logro, una marca de fábrica, un éxito, son cuidadosos en su escrutinio y concienzudos en su juicio, estableciendo, con el debido peso, reputaciones sin importancia, descubriendo el cuadro por la mancha en su parte posterior, analizando el torso por la pierna que falta, llenando folios con dudas sobre el camino de ese miembro, contencioso y dictatorial, especula en muchos escritos, sobre el gran mérito de los trabajos mediocres.

Auténticos burócratas de la colección, mezclan memorandos con ambición, ¡y reducen el Arte a estadísticas, "archivando" al siglo XV y "clasificando" lo antiguo!

Entonces, el orador designado se ubica en lo alto y sermonea y predica como un sabio de las Universidades, erudito en muchos asuntos y con una vasta experiencia en todo menos en su propio tema. Y así exhorta, denuncia y dirige lleno de valor y solemnidad, con sus poderes de persuasión y pulido lenguaje con el que, seguro de sí, pretende demostrar... ¡Nada!

Impresionado y poco profundo, sin nada que enseñar, desafiante, angustiado y desesperado, grita y clama sin que los dioses siquiera lo escuchen. Sacerdote de los filisteos, avanza de nuevo a sus anchas desde todos los ángulos y, a través de los muchos volúmenes y eludiendo las afirmaciones científicas, balbucea sobre los verdes paisajes.

Y así es como el Arte se ha confundido estúpidamente con educación, con que todos pueden aprender y estar igualmente cualificados.

Aunque la finura, el refinamiento, la cultura y la educación, no sean por ningún motivo sólidos argumentos a favor del resultado artístico, tampoco pueden ser un reproche contra el más refinado erudito o el más fino caballero que, totalmente ciego ante la pintura y sordo para con la música, prefiera en su corazón la impresión popular al rasguño de la aguja de Rembrandt, o las canciones de salón a la *Sinfonía en do menor* de Beethoven. Basta con que tenga ingenio para decirlo y no sienta esto como una prueba de inferioridad.

Aun así, el Arte ocurre, ninguna choza está a salvo de él, ningún príncipe puede contar con él, ni las más vastas inteligencias pueden provocarlo, y sus débiles esfuerzos por hacerlo universal terminan en una pintoresca comedia y una burda farsa.

Es preciso que así sea, y todos los intentos por hacerlo de otro modo se deben a la elocuencia de los ignorantes, al celo de los vanidosos.

La línea divisoria es clara. Lejos de mí está el proponer tender un puente sobre ella, para forzar a la gente agotada a cruzarlo.

¡No! ¡Pretendo salvarlos de más fatigas! ¡Quiero correr en su ayuda! ¡Y levantar de sus hombros el pesado lastre del Arte!

¿Por qué, después de siglos de libertad e indiferencia hacia Él, debe ahora imponerse la creencia de los ciegos hasta que, fatigados y perplejos, no sepan cómo comer ni beber, como sentarse o ponerse en pie, ni mucho menos con qué vestirse sin agraviar con ello al Arte?

Pero, ¡escuchad! ¡Se oye mucho alboroto afuera!

Triunfantes, gritan "¡Cuidado! ¡Esto realmente nos concierne! ¡Nosotros también tenemos parte en el Arte verdadero!, pues recordad que el "toque de Naturaleza hermana al mundo entero"!".

Es cierto, pero no dejemos que el desprevenido e incauto suponga alegremente que Shakespeare le entrega, con ello, un pasaporte al Paraíso y le permite hablar entre los elegidos. Más bien, debe aprender que, en esta misma sentencia, está condenado a permanecer fuera, a continuar en lo común.

Este único acorde que vibra con todos, este "toque de la Naturaleza" que llama a la respuesta en cada uno, que explica la popularidad de *El Toro* de Paul Potter y excusa el precio de la *Concepción* de Murillo, es un sentimiento único e inexpresado que impregna la vida de la humanidad… y es la ¡vulgaridad!

Vulgaridad, bajo cuya fascinante influencia "los muchos" han empujado a codazos a "los pocos", y el delicado círculo del Arte se llena con una multitud embriagada de mediocridad, cuyos líderes parlotean, aconsejan y gritan sobre algo que los dioses alguna vez dijeron en susurros.

Y ahora, entre ellos, el diletante acecha por doquier, y el aficionado está suelto. ¡La voz del esteta se escucha en la tierra y la catástrofe cae sobre nosotros!

El intruso convoca a la venganza contra los dioses, y amenaza, haciendo el ridículo, a las bellas hijas de la tierra.

Porque hay curiosos conversos a un extraño culto en el que todo instinto de atracción, toda frescura y chispa, toda dulzura femenina, cede lugar a una extraña vocación por lo desagradable, a una profanación en nombre de las Gracias.

¿Debe esta demacrada, incómoda, angustiada y avergonzado mezcolanza de *mauvaise honte*, y esta desesperada proclama de querer llamarse artístico, reclamar su parentesco con el artista? ¿Debe deleitarse con lo delicado y con la brillante alegría de la Belleza?

¡No! ¡mil veces no! ¡Aquí no hay ninguna conexión con nosotros!

No tenemos nada que ver con ellos.

Forzados a la seriedad para ocultar su vacío, no se atreven a sonreír. Pero el artista, pleno de corazón y mente, se alegra y ríe a carcajadas, ¡está pletórico en su fortaleza, se regocija con la pomposa pretensión, con la absurda solemnidad que lo rodea!

Porque el Arte y la Alegría van siempre de la mano, con audaz franqueza, con la cabeza en alto, con la pluma lista, sin temor alguno ni miedo a ser expuesto.

Sepan entonces, mujeres bellas, que estamos con ustedes. Les rogamos que no presten atención al clamor de lo indecente, les hacemos un ruego por lo simple.

Su propio instinto está cerca de la verdad, su propio ingenio es una guía mucho más confiable que las profanas aventuradas de estos Apolos incompetentes.

Acaso, ¿seguirán al primer flautista que las conduzca por Petticoat Lane? ¿Estarán allí, un domingo, prestas a recoger los aburridos trapos de las edades con los que vestirse, sabiendo que bajo tamaña torpeza, disfrazadas, difícilmente verán su propio ser? ¡Por favor! ¿Debemos retroceder porque el pulgar del charlatán apunta hacia otra dirección?

Tal disfraz no es vestimenta y quienes viven en sus armarios no pueden ser doctores del gusto. ¿Qué autoridad serían? ¿Maestros de la belleza? Mírenlos bien, ¡no han inventado nada! ¡No hay nada en ellos digno de la belleza!

De sus hombros cuelgan al azar los ropajes del vendedor, combinando, en su persona, una variedad de actitudes y la mezcla de disfraces del ropero de un mimo.

Se erigen como advertencia y señal de peligro, son el desastroso efecto del arte sobre las clases medias.

¿Por qué este levantamiento de cejas en desaprobación del presente? ¿Por qué ese patetismo de referirse al pasado?

Si el Arte nos resulta una rareza hoy, lo fue aún más en el pasado.

Es falsa la enseñanza sobre la decadencia.

El Maestro no guarda relación alguna con el momento en que su obra surge, es un monumento de aislamiento, sin parte en el progreso de sus semejantes.

Tampoco es un producto de la civilización, ni depende de la sabiduría de su época, su verdad existió desde el mismo principio.

El Arte está limitado por lo infinito y a partir de ahí no hay progreso alguno.

Una silenciosa indicación de su independencia caprichosa, ajena a todo avance externo, es la condición y forma absolutamente inalteradas de su instrumento, desde el principio de las cosas.

El pintor siempre ha usado el mismo lápiz, y el escultor el mismo cincel por siglos.

No hay más colores desde que se las pesadas cortinas de la noche fueron abiertas, revelando con ellas la belleza de la luz.

Ni el Químico ni el Ingeniero han podido ofrecer elementos nuevos a las Obras Maestras.

También, es falso el vínculo ficticio entre la grandeza del Arte y las glorias y virtudes del Estado, pues el Arte no se alimenta de naciones, y aunque los pueblos pueden ser borrados de la faz de la Tierra, el Arte no.

En efecto, es momento de despojarnos del agobiante peso de la responsabilidad y la coparticipación, debemos saber que, de ninguna manera, ¡nuestras virtudes contribuyen a su valor ni nuestros vicios impiden su triunfo!

¡Qué molesto! ¡Qué desesperanza! ¡Qué sobrehumana la tarea autoimpuesta de la Nación! ¡Qué sublimemente vano es el creer que ella vivirá noblemente y que el Arte perecerá!

Tranquilícense, al Arte no lo afectamos de ninguna manera. Es una Diosa caprichosa y voluble que, con su fuerte sentido de alegría, no tolera el aburrimiento y aunque vivamos de manera impecable, aun así, podría darnos la espalda.

Tal como, desde tiempos inmemoriales, lo hizo con los Suizos en sus montañas.

¡Qué pueblo más digno!, cada grieta alpina se abre con una enorme tradición y está llena de historias gloriosas, mas, aun así, el malicioso y desdeñoso no quiere saber nada de ello, y los hijos de los patriotas se quedan con el reloj que mueve el molino, o con el cuco que apenas logra quedarse en su caja. ¡Por esto fue Tell un héroe! ¡Por esto murió Gessler!

El Arte, esa despiadada criatura, no tiene ninguna preocupación, endurece su corazón y huye al Oriente, buscando entre los fumadores de opio de Nankín, a un privilegiado con quien se detiene con cariño, para acariciar su

44

porcelana azul, pintar sus recatadas doncellas y marcar sus platos con sus seis sellos a su elección, indiferente, en su compañía, a todo excepto a la pureza de su refinamiento!

Y de regreso al Occidente, para que su próximo amante reúna la galería de Madrid y muestre al mundo cómo el Maestro se eleva por encima de todos, y en su complicidad disfrutan, él y ella, de esta sabiduría, y él descubre una felicidad que ningún otro mortal ha probado y ella se enorgullece de su compañero, y promete que, con el tiempo, otros pasarán por lo mismo y lo comprenderán todo.

Así, en toda época, la soberbia busca al hombre digno de su amor, pero el Arte busca solo al Artista.

Donde quiera que él esté, allí Ella se aparece y permanece con él, amorosa y fecunda, sin apartarse nunca de su lado, mucho menos en momentos de desesperanzas, de insultos u obscena incomprensión.

Y cuando él muere, ella huye tristemente, y aun vagando por la tierra se niega a ser consolada.

Con el hombre y no con la multitud están sus intimidades y secretos, y en el libro de su vida, los nombres inscritos son pocos, y escaso, de hecho, el listado de quienes han ayudado a escribir su historia de amor y Belleza.

Desde la soleada mañana, cuando a un glorioso griego, cediendo, reveló el secreto de la línea, mientras con su mano en la suya, marcaron juntos en mármol la medida del hermoso miembro y los drapeados que fluyen al unísono, hasta el día en que sumergió el pincel de aquel español, embebido de luz y aire, e hizo que su pueblo viviera dentro de sus marcos, levantándose sobre sus piernas con una nobleza dulzura, ternura y magnificencia, como si estas fueran suyas por derecho.

¡Los siglos han pasado y pocos han sido los elegidos! ¡Aunque incontables la multitud de pretendientes!

¡Pero ella no los conoció! A esa masa bulliciosa, hirviente y ocupada, cuya única virtud es la industria y cuya industria es su vicio.

Sus nombres llenarán el catálogo de las colecciones en los hogares, de las galerías en el extranjero, solo para el deleite del comerciante y del crítico.

Por tanto, ¡tenemos razón para alegrarnos! Despójense de toda preocupación, resueltos a que todo estará bien, como siempre lo ha estado, y sepan que no es adecuado que nos recriminen por nada, ni nos corresponde tampoco tomar medidas.

¡Ya hemos tenido suficiente de este sinsentido! Seguramente, estaremos cansados de llorar, pero nuestras lágrimas han sido engañosamente provocadas, pues han clamado "¡ay!" cuando no había dolor y "¡ay!" cuando todo era Bello.

Tan solo debemos aguardar hasta que, con la venia de los dioses, llegue entre nosotros de nuevo el elegido que continuará lo que ha antes ya ha ocurrido, seguros de que, incluso si nunca apareciera, la historia de lo Bello ya está completa, esculpida en los mármoles del Partenón y bordada en los pájaros del abanico de Hokusai al pie del Fusiyama.

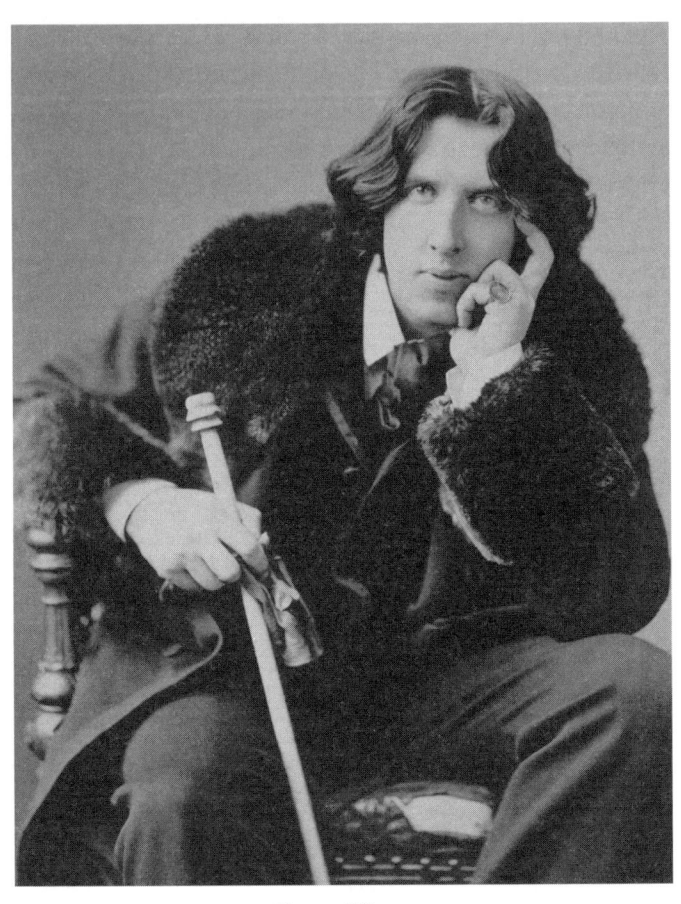

Oscar Wilde
((Westland Row, 1854 - París, 1900)
Retratado por Napoleon Sarony en 1882

LAS DIEZ EN PUNTO DEL SR. WHISTLER

Oscar Wilde
Pall Mall Gazette. Febrero 1885

Anoche, en el *Prince's Hall*, el Sr. Whistler hizo su primera aparición pública como conferencista de arte y habló por más de una hora con una elocuencia realmente asombrosa sobre la absoluta inutilidad de todas las conferencias de este tipo. El Sr. Whistler comenzó su lección con un aria demasiado preciosa sobre la historia prehistórica, describiendo cómo, en tiempos remotos, los cazadores y guerreros salían a cazar y saquear, mientras el artista permanecía en casa elaborando cuencos y tazas para su servicio. Al principio, fueron imitaciones burdas de la naturaleza, como un cuenco de calabaza, hasta que el artista desarrolló el sentido de la belleza y de la forma, y, con todas sus exquisitas proporciones, fabricó el primer cáliz. Poco después surgió una civilización superior, con gran aprecio por la arquitectura y los sillones, con un exquisito gusto por los tapices refinados, con la que las cosas útiles de la vida se volvieron hermosas. El cazador y el guerrero se recostaron estando cansados y cuando estuvieron sedientos bebieron de la taza sin realmente importarles perder sus exquisitas proporciones o sus deli-

49

ciosos ornamentos, siendo esta la actitud primitiva del filisteo antropófago lo que constituyó el grueso de la conferencia y la actitud que el Sr. Whistler suplicó adoptar frente al arte. Recordando, sin duda, muchas de las encantadoras invitaciones a espléndidas exposiciones privadas, esta elegante asamblea pareció algo horrorizada y no poco entretenida, al escuchar que la más mínima expresión de gozo por las cosas bellas de un pueblo civilizado, es el agravio para con sus pintores. Pero el Sr. Whistler fue implacable y con encantadora facilidad y mucha gracia, explicó al público que lo único que debían cultivar era la fealdad y que en su permanente estupidez descansaban todas las esperanzas del arte futuro.

¡La escena era encantadora en todos los sentidos! Él estaba allí, ¡un Mefistófeles en miniatura burlándose de todos! Parecía un brillante cirujano dando lecciones a una clase compuesta por sujetos destinados a la disección, asegurándoles solemnemente cuán valiosas resultaban para la ciencia sus dolencias y cuan absolutamente poco interesantes resultarían sus mejorías de salud. Para ser justos con el público, sin embargo, he de decir que parecían extremadamente satisfechos de librarse de la terrible responsabilidad de tener que admirar algo, y que nada podría equipararse a su entusiasmo cuando el Sr. Whistler dijo que, sin importar cuan vulgar fueran sus vestidos o cuan espantoso el entorno en el que vivieran, aun así era posible que un gran pintor, si existiese tal cosa, pudiera, al contemplaros en la penumbra y entrecerrando sus ojos, verlos en condiciones realmente pintorescas y producir un cuadro que no debían intentar comprender y mucho menos atreverse a disfrutar. Después, lanzó algunas fechas punzantes y envenenadas, lanzadas a toda velocidad contra el esplendor de los arqueólogos, quienes pasan sus vidas enteras investigando los lugares de nacimiento de don nadies o estimando el valor de una obra de arte por su fecha o su deterioro; contra los críticos de arte, quienes siempre tratan un cuadro como si fuera una novela e intentan descubrir su trama; contra los *dilettanti* en general y los *amateurs* en particular; y (¡Oh, *mea culpa*), especialmente, hacia los reformadores del vestir. "¿No pintó Velázquez miriñaques? ¿Qué más queréis?".

Habiendo hecho así un holocausto de la humanidad, el Sr. Whistler se volvió hacia la naturaleza y, en pocos minutos, la condenó por el Crystal Palace, por los días festivos y por la saturación general de los detalles, tanto en los autobuses como en los paisajes. Posteriormente, en un pasaje de singular belleza no muy diferente a uno que aparece en las cartas de Corot, habló del valor artístico de los tenues amaneceres y crepúsculos, cuando las insignificancias la vida se pierden en exquisitos y evanescentes efectos, cuando las cosas comunes abrazan el misterio y se transfiguran con belleza, o cuando los almacenes se

51

convierten en palacios y las altas chimeneas de la fabricas, parecen campanarios con un aire plateado.

Finalmente, tras protestar enérgicamente que cualquiera que no sea un pintor juzgue una pintura, y de hacer un patético llamado a la audiencia para no dejarse seducir por el movimiento esteticista y su propuesta de tener cosas bellas a su alrededor, el Sr. Whistler concluyó su conferencia con un encantador pasaje sobre el monte Fusiyama en un abanico, se inclinó ante una audiencia a la que había logrado fascinar totalmente con su ingenio, sus brillantes paradojas y, en ocasiones, con su verdadera elocuencia. Por supuesto, respecto al valor de un bello entorno, difiero por completo del Sr. Whistler. Un artista no es un hecho aislado, es el resultado de un cierto medio y un cierto entorno, y no puede nacer de una nación desprovista de todo sentido de la belleza, así como una higuera no puede crecer de una espina o una rosa florecer de un cardo. Que un artista encontrase belleza en la fealdad, *le beau dans l'horrible*, es ahora un tópico común en las escuelas, en el argot del *atelier*, pero niego rotundamente que las gentiles personas deban ser condenadas a vivir con otomanas magentas y cortinas azules en sus habitaciones para que algún pintor pueda observar las luces laterales de una y los valores de la otra. Tampoco acepto la máxima de que solo el pintor puede juzgar una pintura. Yo sostengo que solo un artista es juez del arte, y aquí hay una gran diferencia. Mientras un pintor solo sea un pintor, no se le debería permitir hablar más que de medios y *megilp*, sobre otros temas deberían estar obligados a callar. Solo cuando se conviertan en artista se les revelarán las secretas leyes de la creación artística. Porque no hay muchas artes, sino solo un Arte: poema, pintura, Partenón, soneto y estatua, todas son, en esencia, lo mismo, y quien conoce una conoce todas. Pero el poeta es el artista supremo, porque es el maestro del color y de la forma, además de verdadero músico, y señor de toda la vida y de todas las artes. Y así al poeta, más que cualquier otro, le son revelados tales misterios. A Edgar Allan Poe y a Baudelaire, no a Benjamin West ni a Paul Delaroche. Empero, no disfrutaría de ninguna conferencia sino estuviera de acuerdo en ciertos aspectos, y la conferencia del Sr. Whistler de anoche fue, como todo lo que hace, una obra maestra. Será recordado no solo por su ingeniosa sátira y sus divertidas bromas, también por la belleza pura y perfecta de muchos de sus pasajes, pasajes pronunciados con una honestidad que pareció sorprender a aquellos que habían mirado a Whistler solo como un mero maestro de la *persiflage* y no lo había conocido, como nosotros lo conocemos, como un maestro de la pintura. Por eso, en lo que a mí respecta, es uno de los más grandes maestros de la pintura. Y puedo agregar que, en esta opinión, el propio Whistler estará totalmente de acuerdo conmigo.

DELICADEZA EN TITE STREET

Whistler
The World. Febrero 1885

AL POETA:

Oscar, he leído tu exquisito artículo en el *Pall Mall*.

No hay nada más delicado en los halagos del "poeta" para con el "pintor", que la naïveté del "poeta" en la elección de sus pintores: ¡Benjamin West y Paul Delaroche!

Has enfatizado en que la misión del "pintor" es encontrar *"le beau dans l'horrible"* y le has dejado al "poeta" el descubrimiento de *"l'horrible dans le beau"*.

AL PINTOR

Wilde
The World. Febrero 1885

QUERIDA MARIPOSA: Con la ayuda de un diccionario biográfico, he descubierto que una vez hubo dos pintores llamados Benjamin West y Paul Delaroche que, imprudentemente, dieron conferencias sobre arte. Como no perdura absolutamente nada de sus obras, concluyo que se explicaron tanto a sí mismos que desaparecieron.

Sé precavido, James, y mantente como yo, incomprensible.

Ser grande es ser incomprendido.[1]

---

1. Conozco un ave que, como Oscar, con su cabeza en la arena, aún cree que no ha sido descubierto. Si ser incomprendido es ser grande, Oscar fue muy imprudente al revelar que la fuente de sus inspiraciones fue un "Diccionario biográfico". (Comentario de Whistler).

AL COMITÉ DE LA EXPOSICIÓN NACIONAL DE ARTE

Whistler
The World. Noviembre 1886

CABALLEROS: Naturalmente, estoy interesado en cualquier esfuerzo realizado entre los pintores para demostrar que están vivos, pero cuando me encuentro, puesto a la cabeza de sus líderes, con el cuerpo de mi difunto 'Arry, sé que todo solo puede terminar en putrefacción. Y cuando después de 'Arry viene Oscar, sé que todo terminará en una ridícula farsa que traerá sobre ustedes el desprecio y la burla de sus *confrères* de Europa.

¿Qué tiene en común Oscar con el arte? Nada, salvo que cena en nuestras mesas y toma de nuestros platos las ciruelas para el pudin que vende en las provincias. Oscar, el amable, irresponsable y glotón, sin más sentido de una pintura que del ajuste de un abrigo, tiene el valor de expresar las opiniones… ¡de los demás!

Con 'Arry y Oscar, se han vengado de la Academia.[2]

---

2. Oscar, realmente debes mantenerte fuera de mi vista. (Comentario de Whistler).

56

QUAND MÊME!

Wilde
The World. Noviembre 1886

¡ESTO ES VERDADERAMENTE TRISTE! Con nuestro James, la vulgaridad comienza en casa y debería permitírsele que se quedara allí.[3]

---

3. "Pobrecito", Oscar, pero supongo que, por primera vez, escribes algo tuyo. (Comentario de Whistler).

El hábito de las segundas naturalezas

Whistler
Truth. Enero 1890

LA MÁS VALIENTE VERDAD. Entre todas tus despiadadas denuncias de los fraudes de hoy día confieso que no he disfrutado nada con mayor deleite que tu reciente embestida contra ese archi-impostor y plaga de nuestra época: ¡el abrumador plagiador!

Me he enterado, por cierto, que en Estados Unidos, en virtud de la "Ley del 84", como se la llama, Oscar podría ser penalmente procesado, encarcelado y obligado a deshilachar la estopa, tal como hasta ahora lo ha hecho deshilachando cerebros… ¡y bolsillos!

¿Pero cómo es que, en tu lista de culpables, omitiste al más gordo de los delincuentes? Al propio Oscar.

Sus métodos me volvieron a la memoria, traídos nuevamente por el infatigable y viejo Romekie, quien me envía recortes de periódicos de las *Reminiscencias* de Herbert Vivian, en los que, entre otras anécdotas divertidas, se relata con detalle la historia de Oscar simulando el orgullo propio de un autor, cierta noche en el club de estudiantes de la Academia, atribuyéndose a sí mismo la responsabilidad de la conferencia en la que, a su ferviente súplica, yo, de buena voluntad, lo había acudido amistosamente para que no añadiera un deplorable fracaso a su ya ridícula apariencia en tal posición anómala de conferencista de arte frente un público lúcido y perspicaz.

En aquella ocasión, salió como mi San Juan, pero, olvidado que la humildad debía ser su principal característica e incapaz de soportar el inusual respeto con el que fueron recibidas sus palabras, no solo comió del plato, sino que se llevó la cuchara.

El Sr. Vivian en su libro, nos cuenta más adelante que en un reciente artículo del *Nineteenth Century* sobre la "decadencia de la mentira", el Sr. Wilde ha incorporado delibrada e impunemente, "sin una palabra de comentario", una parte de mi bien recordada carta en la que, después de admitir su rara apreciación e increíble memoria, reconozco que "Oscar tiene el coraje de expresar las opiniones… de los demás!".

Reconozco esto como una nueva prueba de abierta admiración y le envío la siguiente nota que creo podrías considerar apropiada para publicar como muestra para tus lectores de la noble generosidad de una amable y dulce reprimenda, moderada, como debe de ser, para el corderito en su situación.

***

¡Oscar, veo que has vuelto a estar por aquí!

Me había olvidado de ti y por eso permití que tu cabello creciera sobre la herida. Y ahora, mientras miraba para otro lado, ¡te has robado tu propio cuero cabelludo y lo has mezclado con tu pudín!

Labby ha señalado que, para el descubierto plagiador, aún queda una forma de respetarse a sí mismo (además de ahorcarse, por supuesto), y es que, con audacia, declare: "*Je prends mon bien la où je le trouve*".

Tú, Oscar, puedes ir más allá y, con un fresco descaro que te traerá la envida de todos tus colegas criminales, presumir sin rubor: "*Moi, je prends son bien là où je le trouve!*".

EN EL MERCADO

Wilde
Truth. Enero 1890

SEÑOR: Me cuesta imaginar que el público este en lo más mínimo interesado en los estridentes gritos de "plagio" que de vez en cuando salen de los labios de una tonta vanidad o una mediocridad incompetente.

Sin embargo, como el Sr. James Whistler ha tenido la impenitencia de atacarme con tal veneno y vulgaridad en sus columnas, espero que se me permita afirmar que las aseveraciones contenidas en sus cartas son tan deliberadamente falsas como deliberadamente ofensivas.

La definición de un discípulo como alguien que tiene el valor de tomar las opciones de su maestro es realmente tan antigua como para que al Sr. Whistler se le permita reclamarla, y en cuanto a tomar prestas las ideas del Sr. Whistler sobre el arte, las únicas ideas completamente originales que le he escuchado han hecho referencia a su propia superioridad como pintor sobre pintores más grandes que él.

Resulta molesto para cualquier caballero tener que exponer las pobres elucubraciones de una persona tan mal educada e ignorante como el Sr. Whistler, pero la publicación de su insolente carta no me dejó otra opción.

61

PÁNICO

Whistler
Truth. Enero 1890

¡OH, VERDAD!: Arrinconado y humillado, reconozco que nuestro Oscar por fin es original. A la defensiva, resulta sublime su agonía y por vez primera no ha tomado prestado nada de ningún autor vivo, evidenciado su verdadera naturaleza y "caballerosidad".

¿Cómo podré enfrentar su cólera y a sus acusaciones condenatorias? Debió quedarle claro a los lectores que, como bien expuso impecablemente en su epístola, que yo, ¡ay!, solo soy una "persona maleducada e ignorante", cuyas "elucubraciones" debió "exponer".

Aun así, desesperado por defenderse de mi posición, señala que aunque "impertinente", "venenosos" y "vulgar", soy su "maestro" y, en el banquillo de los acusados, defiende su inocencia en esta relación.

Con toda humildad, por tanto, admito que el resultado de mi "tonta vanidad y mediocridad incompetente" debió encarnarse en: "Oscar Wilde".

62

MEA CULPA

Whistler
[sin fecha ni fuente conocidas, 1890]

¡*MEA CULPA*! Los dioses quizás puedan perdonar u olvidar.

A ti, Verdad, campeón de la verdad, te encomiendo la valiente misión de admitir que la historia de la conferencia a los estudiantes de la Real Academia, tal como te la conté, no es ficticia.

En presencia del Sr. Waldo Story, Oscar hizo su oración de preparación, y en su mesa se le confiaron los materiales para su crimen.

También deberás desenterrar del *Nineteenth Century Review* de enero de 1889, de la página 37, el artículo astutamente escondido sobre "la decadencia de la mentira"; aunque ¿por qué "decadencia"?

Eludir así tal asunto es, sin duda, una cobardía. Incluso estoy aterrado y tiemblo, pues en verdad "la furia de una oveja es terrible".

JUSTA INDIGNACIÓN

Whistler
[sin fecha ni fuente conocidas, 1890]

OSCAR, ¡Cómo te atreves! ¿Qué significa ese disfraz?

¡Devuélvele esos ropajes a Nathan y nunca más permitas que te vea disfrazado paseando por las calles de mi querida Chelsea combinando la vestimenta de Kossuth con la del Sr. Mantalini![4]

---

4. Vi al poeta con gorro polaco y abrigo verde forrado en piel, adornado con lujosos cordones (Comentario de Whistler).

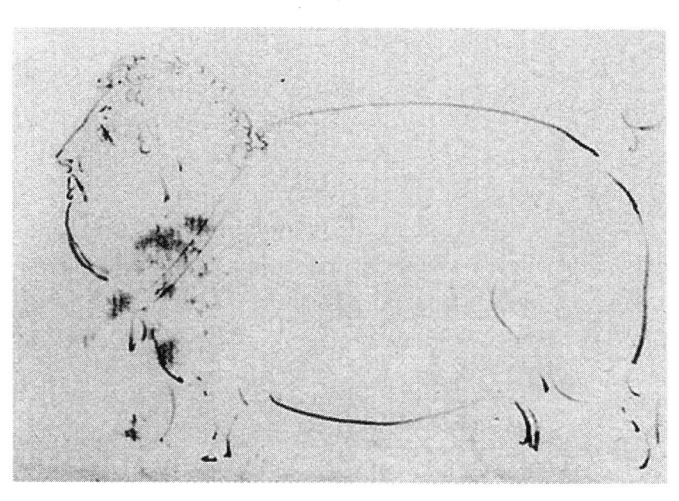

Wilde como cerdo
J.M. Whistler. Sin fecha.
Universidad de Glasgow.

WHISTLER CONTRA RUSKIN

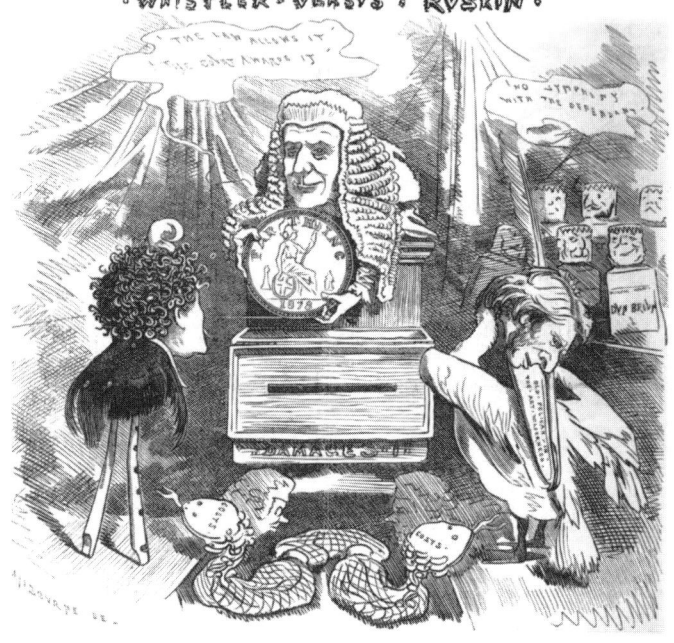

Whistler versus Ruskin
Edward Linley Sambourne
1878

CARTA LXXIX

John Ruskin
Fors Clavigera. 1871

PERMÍTANME recomendar encarecidamente al lector que aparte sus pensamientos, por un instante, de todas las cuestiones relacionadas con los bellos muebles o su precioso entorno. Un refugio perfectamente sencillo, hecho con las piedras y maderas más toscas, pero que lo protejan de la intemperie, resulta suficiente. No es necesaria ninguna pretensión o afán, salvo la limpieza, la salud y la honestidad, y esto aplica tanto para las personas, como para sus posesiones. Todo lo que puedas ganar en educación artística, dáselo a los grandes maestros, déjalos que ellos hagan lo mejor que puedan por ti. Y si piensas que puedes gastar en objetos para embellecer tu ciudad, invierte mejor en hierbas y flores, en el mar y el cielo. Ningún arte humano sería posible, sin esos primigenios tesoros del Arte Divino.

No puedo terminar esta carta sin señalar una de las principales causas que ha influido en el esfuerzo realizado este año en Londres, con enorme éxito, por promulgar el conocimiento del Arte: la inauguración de la Galería Grosvenor.

En primer lugar, ha sido planeado y dirigido por un caballero con el más auténtico deseo de ayudar a artistas y mejorar la situación del Arte de su país, y no con un afán de especulación comercial. Dada esta misión primordial tan encomiable, espero que la galería tenga un enorme éxito, mas, en muchas cuestiones secundarias, considero que deberían trabajar con mayor esfuerzo antes de que su éxito sea aun más rotundo.

Sir Coutts Lindsay, por el momento, es un aficionado tanto al arte como al comercio. Uno debe emprender siempre uno que otro negocio si pretende prosperar en alguno. Si tiene la intención dirigir adecuadamente su galería, no debería exponer sus propias obras en ella hasta que pueda responder por una exquisita calidad de las mismas. Si lo que quiere es ser un pintor, no debería supervisar, como ahora lo hace, la construcción de un edificio público, ni entretenerse con su decoración adquiriendo porcelanas y tapices chinos. Lo cierto es que la tapicería de la galería Grosvenor es muy pobre y perjudica gravemente los pocos buenos cuadros que allí expone, al tiempo que oculta injustamente la vulgaridad de las peores.

En segundo lugar, no resulta aconsejable exponer en conjunto las obras de un mismo artista. Los pintores más originales suelen repetir sus destrezas favoritas, mientras que los pintores más supremos se olvidan de ellos, cayendo en errores comunes, por lo que no es prudente exhibir en una misma secuencia la monotonía de sus virtudes, ni la obstinación de sus defectos. En algunos casos, por supuesto, las piezas de series planeadas, ilustran y realzan al belleza la unas de las otras, como notablemente sucede con los retratos reales de Gainsborough del año pasado o los extraordinariamente bellos cuadros de las tres hermanas de Millais, expuestos en esta galería. No obstante, lo ideal es que cada pintor, ubicado en el lugar apropiado, participe ocasionalmente en la amenidad de un concierto pictórico, en lugar de que el espectador vea de una sola pasada todas sus obras y luego se retire.

En tercer lugar, los cuadros de los alumnos no deben exponerse junto con los de los maestros, especialmente en casos tan disimiles como la escuela fundada por el Sr. Burne-Jones, con sus elementos tan definitivamente antagónicos a las tendencias y sentimientos del público actual. Mucho de lo que es noble en la expresión de una mente individual, se vuelve despreciable como insignia de un partido, y aunque nada es más hermoso o necesario en la juventud de un pintor que su afecto y sumisión a su maestro, su propia obra, durante la etapa de sumisión, nunca debe ser expuesta de forma que la obra del maestro pueda ser confundida o deshonrada por la falacia de su eco.

En cuanto a la valoración que debería hacerse del trabajo del Sr. Jones, nunca, hasta ahora, había sentido que era mi deber hablar, quizás en parte a que sabía que quienes lo despreciaban, eran incapaces de quejarse con fundamento, y en parte a que yo mismo era incapaz de determinar hasta qué puntos las cualidades que a muchos les resultan repulsivas, realmente eran censurables.

Su obra, en primer lugar, es sencillamente la única obra de arte producida en la Inglaterra actual que será percibida en un futuro como "clásica", es decir, como lo mejor que ha existido o que podría existir en su género. Creo que los retratos de Millais podrían ser inmortales (si perdura su color), pero solo en una relación subordinada a Gainsborough y Velásquez, como Bonifazio, por ejemplo, respecto a Tiziano. Pero la acción de la imaginación es de la más elevada potencia en Burne-Jones, bajo las condiciones de erudición, de belleza y de angustia social, que necesariamente la impulsan, obstaculizan y colorean en el siglo XIX, como únicas en el arte, sin rival en su género y sé que serán inmortales como las mejores producciones que Inglaterra pudo lograr en el siglo XIX.

En segundo lugar, sus faltas son, hasta donde puedo ver, inherentes a su obra como la sombra de sus virtudes, y no consecuencia de algún error que debamos lamentar, ni uno que podamos reprochar con justicia. Con hombres de imaginación tan consumadamente poderosa, la cuestión siempre termina siendo decidir entre terminar una concepción o captar y aprovechar parcialmente tres o cuatro, y entre todos los grandes pintores, Botticelli ha sido el único que nunca permitió que una concepción interfiriera con la completitud de una obra. Todos los demás, Giotto, Masaccio, Luini, Tintoreto y Turner, se permiten continuamente ciertas ligerezas y creo que las obras resultantes deberían ser recibidas, en cada caso, como las mejores posibles dadas las circunstancias apremiantes de su fuerza imaginativa. Exigir que cada uno de estos *Días de la creación*, hubiesen sido terminados completamente, como lo habría hecho un Bellini o un Carpaccio, simplemente sería exigir que ningún otro *Día* hubiera sido empezado.

Por último, los manierismos y errores de estas pinturas, sea cual sea su extensión, nunca les afectan. La obra es natural al pintor, por extraño que resulte, y está realizada con la mayor conciencia y cuidado, por mucho que, para su propio deseo o el nuestro, el resultado pueda parecer aún incompleto. Apenas podría decirse lo mismo de otros cuadros de las escuelas modernas, sus excentricidades son casi siempre, en cierto grado, forzadas, y sus imperfecciones gratuitas, sino, impertinentemente consentidas. Por el bien del propio Sr. Whistler, y también por la protección de algún comprador, Sir Coutts Lindsay no debería admitir en su galería obras en las que la arrogancia y la mal educada presunción del artista se acerca tanto al aspecto de una deliberada impostura. He visto y oído,

71

desde mucho antes, de la insolencia y el descaro *cockney*, pero nunca espere oír a un petimetre pedir doscientas guineas por arrojar un bote de pintura a la cara del público.

Entre las obras menores, aunque cuidadosas y honorablemente acabadas, expuestas en esta galería, las del Sr. M. Heilbuth son, con diferencia, las mejores, pero creo que las del Sr. Tissot merecen especial atención, porque su destreza y brillantes son capaces de hacer olvidar al espectador su escrupulosidad. La mayoría de ellas son, desgraciadamente, meras fotografías coloreadas de una sociedad vulgar, pero *Strength of Will*, aunque absurdamente perjudicada por dos figuras subordinadas, me hace pensar que el pintor sería capaz, con un verdadero beneficio si obedeciera sus pensamientos más serios, de hacer mucho más que captar la atención de esa parte del público francés e inglés que actualmente solo se interesa por Gustave Doré. El paisaje rocoso de Millais también ha sido cuidadosamente elaborado con esmero, pero resulta exagerado el aspecto leñoso de las rocas. El color y la sensación que pretende transmitir de una escena verdaderamente bella, quedan gravemente debilitadas por el blanco cielo, algo que he señalado ya como uno de los errores más característicos de los nuevos paisajistas. Pero el espectador aún puede extraer de sus cuadros cierta vaga idea de lo que realmente este gran pintor podría hacer de

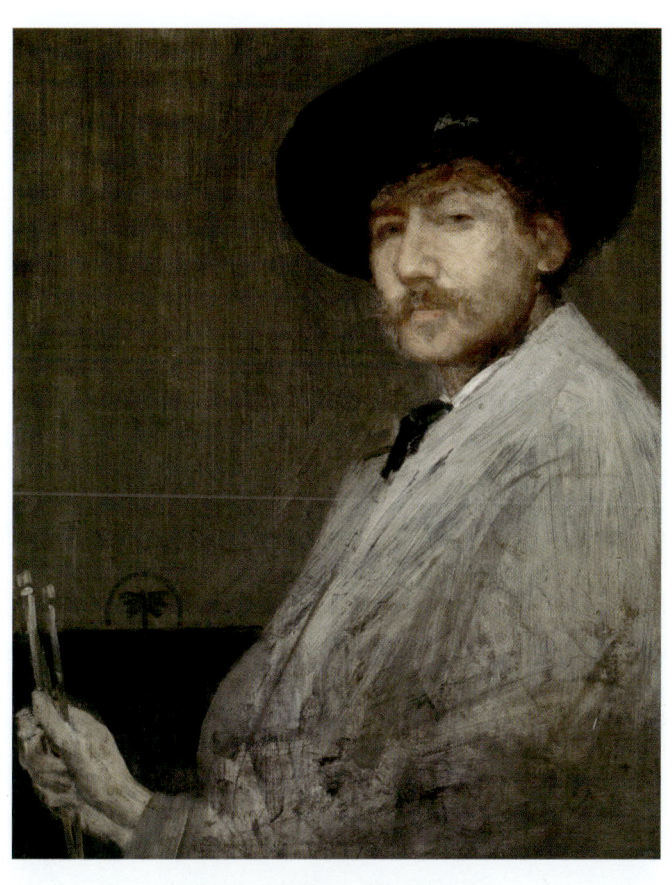

JAMES MCNEILL WHISTLER
(Lowell, Mass. 1834 - Londres, 1903)
Autorretrato de 1872
Detroit Institute of Arts

73

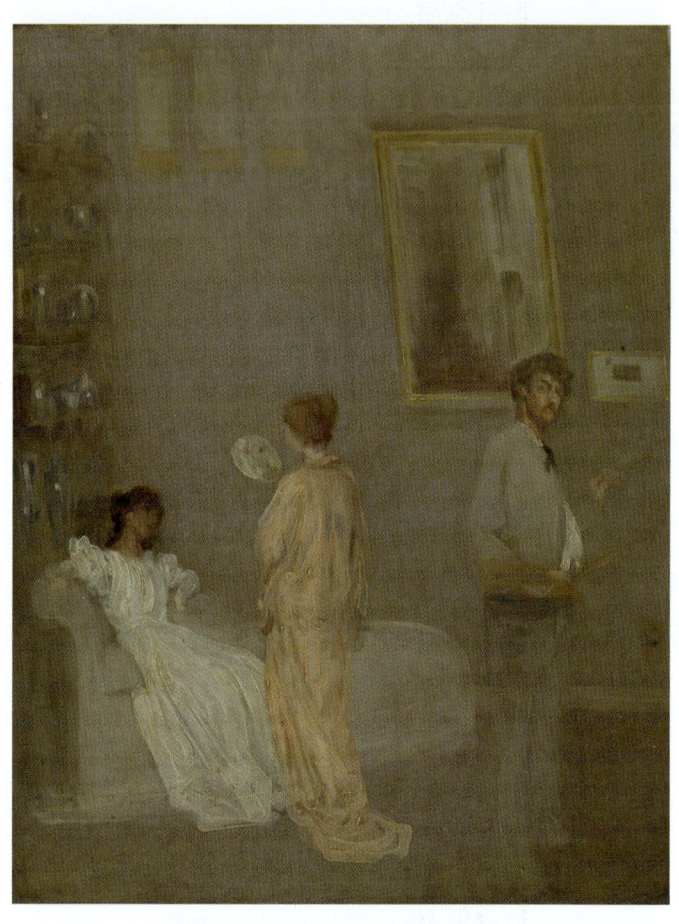

El artista en su taller, 1865-1866
Art Institute of Chicago

74

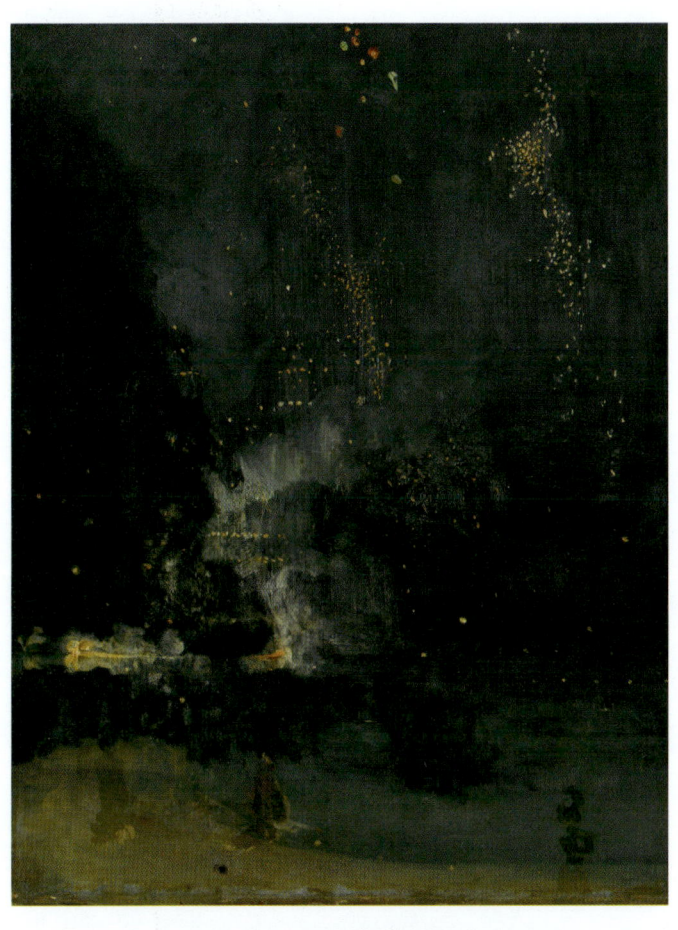

Nocturno en negro y oro (Falling Rocket), 1875
Detroit Institute of Arts

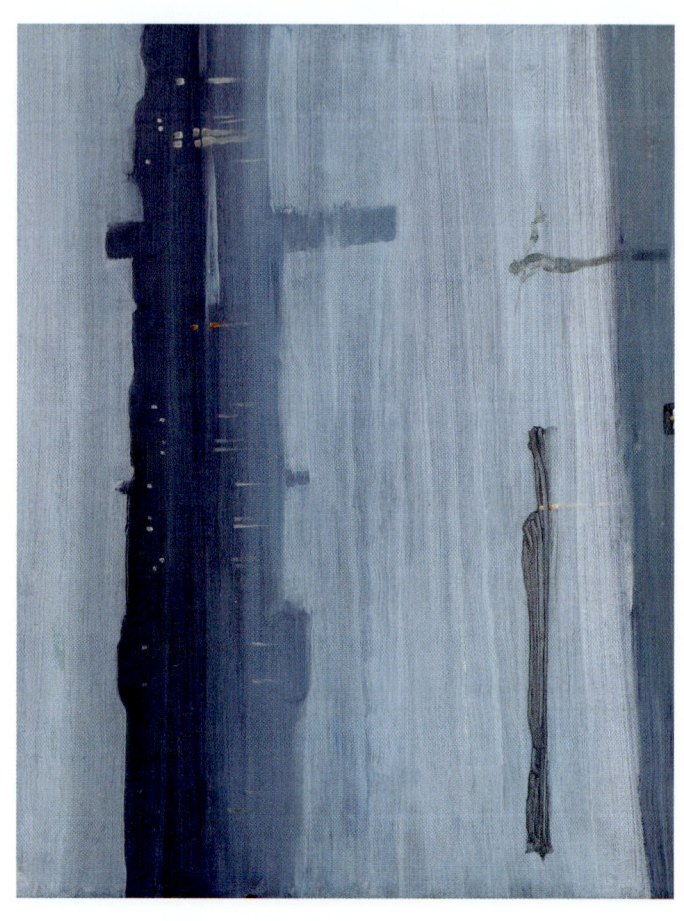

Nocturno en azul y plata, Chelsea, 1871
Tate Britain, Londres

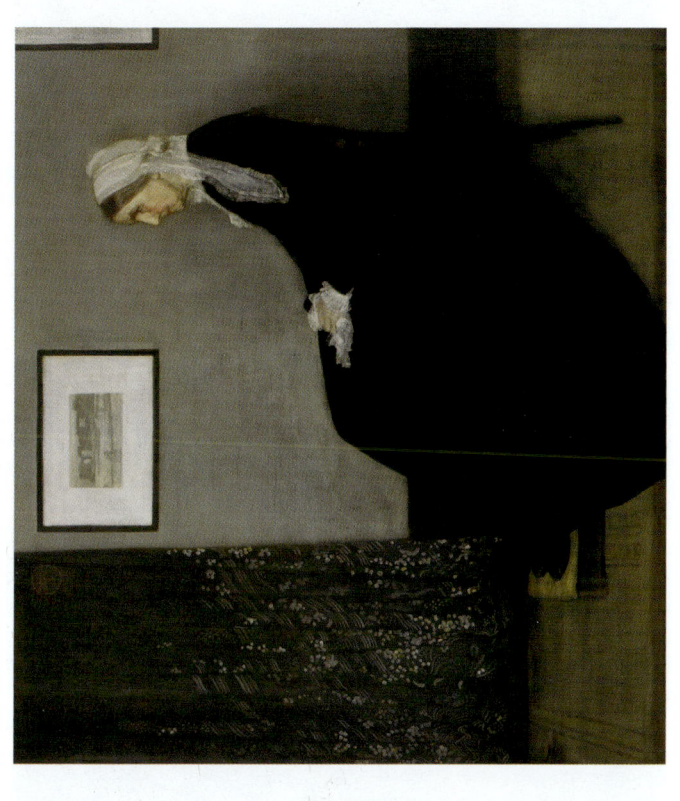

Composición en gris y negro (La madre del artista), 1871
Musée d'Orsay, París

77

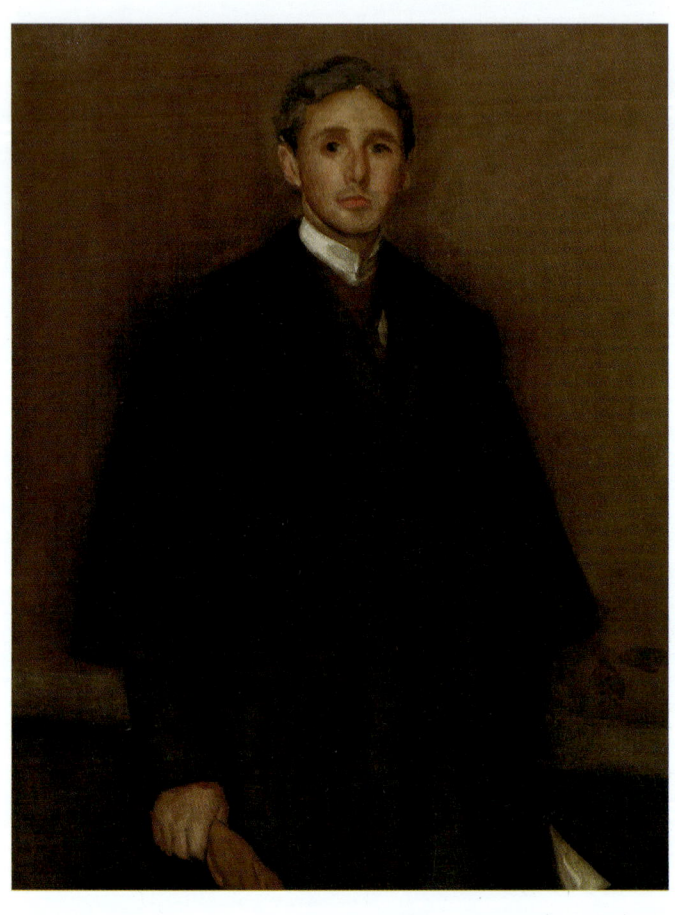

Composición en color carne y marrón (Retrato de A. J. Eddy)
(detalle), 1894, Art Institute of ChicagoFlorencia

78

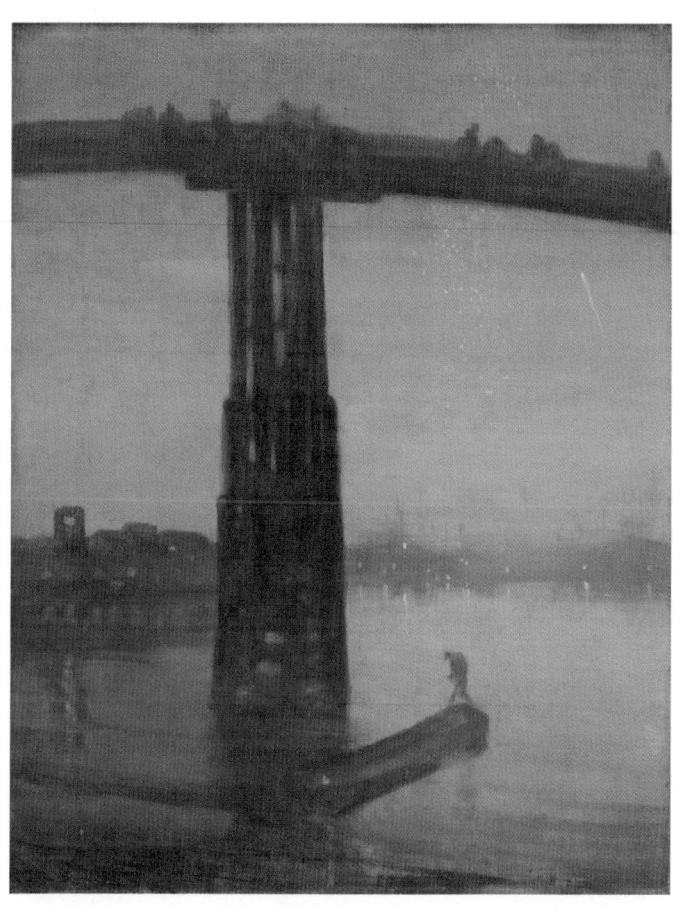

Nocturno en azul y oro (Puente viejo de Battersea), c. 1872-1875
Nationa Gallery, Londres

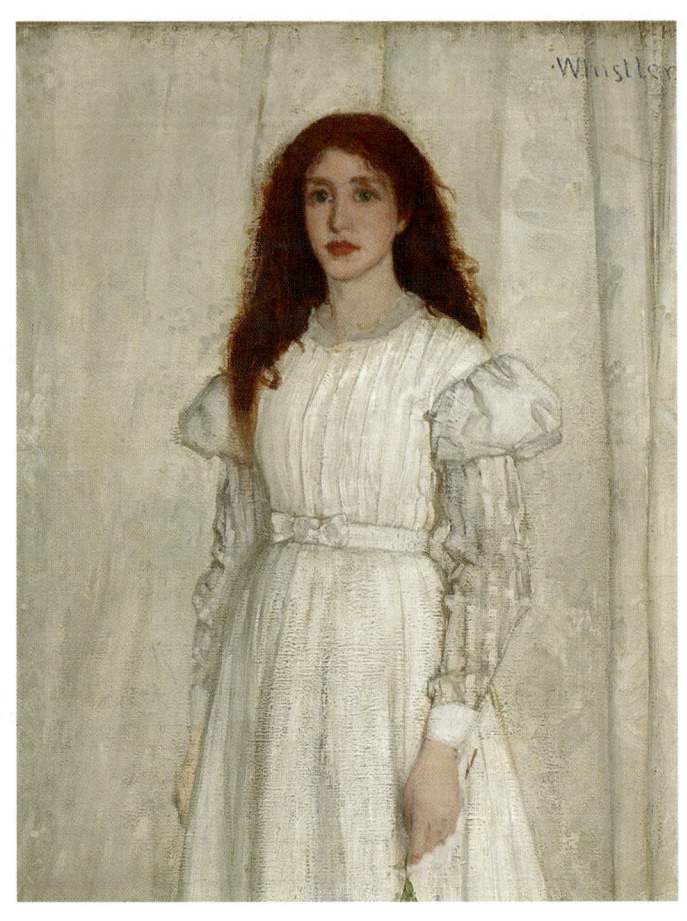

Sinfonía en blanco, nº 1 (detalle), 1861-1862
National Gallery of Art, Washington D.C.

80

mantener fiel a los principios de su escuela. Otrora, podría haber incluso pintado cada hierba de la roca y cada ola del mar, con la precisión de Van-Eyck y con el brillo de Tiziano.

¡Y esos animales que dibujó con perfección y con esa facilidad de movimiento, y esa expresión que refleja en ellos toda la fuerza o la paz de la humanidad! Bien pudo haber pintado el ciervo rojo del páramo y el cordero del redil como ningún otro hombre lo ha hecho en este mundo. Nunca podrán entender lo que perdieron en él. Pero el paisaje, la criatura viva y el alma del hombre... es probable que pronto se pierda en todos. Tendría muchas más cosas que deciros en esta carta sobre el pequeño lago de Thirlmere o el arroyo de St. John's Yale que Manchester, en su fervor por el arte, está a punto de desviar desde sus campos montañosos a sus inodoros (amigos de Manchester, ¿harán entonces pinturas de esos paisajes?), con fines educativos.

Y aquí, en el elegante oeste de Londres, los respetables ciudadanos ubican sus escuelas para niñas de clase media al final de Old Burlington Street y, sobre sus puertas, emplazan brutales cabezas como aldabas, burlándose de ellas. Si lo piensan, aquí pueden ver el resultado de la cátedra de Sir Henry Cole en Kensington. Esto es lo mejor que el arte moderno puede producir para la juventud femenina, una inscripción divina sobre una puerta estre-

cha. Pero no tengo más tiempo, ni palabras lo suficientemente amargas, para hablar adecuadamente del mal que
representan estas cosas

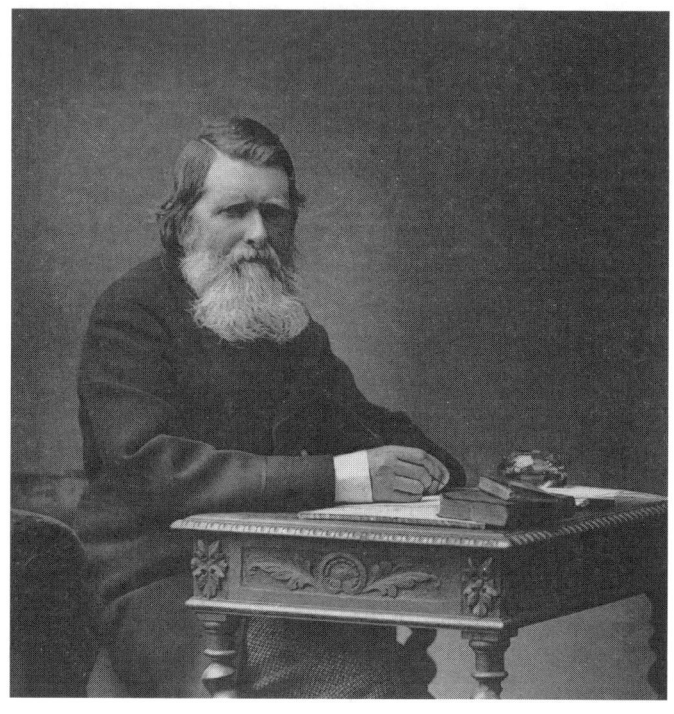

JOHN RUSKIN
(Londres, 1819 - Brantwood, 1900)
retratado hacia 1882

82

EL JUICIO

Informe de la demanda por difamación del Sr. Whistler contra el Sr. Ruskin. Noviembre de 1878. Extraído de *The Gentle Art of Making Enemies*, 1890

LUNES, 15 de noviembre de 1878.

Se presenta en la Corte, ante el Barón Huddleston y un jurado especial, el caso de Whistler contra Ruskin, demanda por difamación del Sr. Whistler contra el Sr. Ruskin, en la que el demandante solicita una indemnización de £1.000 por daños y perjuicios.

El Sr. Serjeant Parry y el Sr. Petheram comparecieron en representación del demandante, mientras que el Fiscal General y el Sr. Bowen representaron al demandado.

El Sr. Serjeant Parry, al abrir el caso en nombre del demandante, afirmó que el Sr. Whistler había ejercido la profesión de artista por marchosísimos años, tanto en ese como en otros países. Y el Sr. Ruskin, por otra parte, como probablemente sabían todos los caballeros del jurado, tenía, quizás, el más alto prestigio en Europa y América como crítico de arte, e incluso afirmó que podría decirse que algunos de sus trabajos estaban destinados a la inmortalidad. De hecho, el Sr. Ruskin era un caballero de la más alta reputación y estima. Empero, en el número de julio de *Fors Clavigera* apareció un pasaje en el que el Sr. Ruskin criticó lo que él llama "la escuela moderna", a lo cual seguía un párrafo en el que se quejaba del Sr. Whistler que decía: "Por el bien del propio Sr. Whistler, y también por la protección de algún comprador, Sir Coutts Lindsay no debería admitir en su galería obras en las que la arrogancia y la mal educada presunción del artista se acerca tanto al aspecto de una deliberada impostura. He visto y oído, desde mucho antes, de la insolencia y el descaro *cockney*, pero nunca espere oír a un petimetre pedir doscientas guineas por arrojar un bote de pintura a la cara del público". Y tal pasaje, sin duda alguna, había sido leído por miles, difundiendo, por todo el mundo, que el Sr. Whistler era un hombre maleducado, un impostor, un falso cockney y un petimetre insolente.

El Sr. Whistler, al ser interrogado por el Fiscal General, afirmo:

-He enviado algunas pinturas a la Academia que no han sido aceptadas. Creo que todos los artistas pasamos por eso... El *Nocturno en negro* y dorado es una escena nocturna que representa los fuegos artificiales en Cremorne.

-¿Así que no es una vista de Cremorne?

-Si fuese una vista de Cremorne, de seguro no provocaría más que decepción en los espectadores. (Risas). Es un arreglo artístico. Fue valorado en doscientas guineas.

-¿No es eso lo que nosotros, que no somos artistas, llamaríamos un precio algo inflado?

84

-Probablemente, así sería.

-Pero un artista siempre entrega una buena obra que vale justo lo que se le paga, ¿verdad?

-Me encanta oír que eso está tan bien establecido entre el público. (Suelta una carcajada). No conozco al Sr. Ruskin, ni sé si él sea de la opinión de que una pintura solo puede exponerse cuando está terminada, cuando nada puede hacerse para mejorarla, pero en cuanto a mi pintura, ciertamente, tal visión es correcta, Mi arreglo en negro y dorado es un cuadro terminado, no tenía intención alguna de hacerle nada más o nada menos.

-Ahora bien, Sr. Whistler. ¿Podría decirme cuánto tiempo le tomó acabar ese nocturno?

-...¿Disculpe?

(Risas)

-Oh, temo emplear un término que, tal vez, se aplica mejor a mi propio trabajo. Mejor déjeme preguntarle, ¿cuánto tiempo le tomó pintar ese cuadro?

-No. No se preocupe. Me siento en exceso halagado al saber que usted ha aplicado a mi trabajo los términos que acostumbra a usar con el suyo. Pero le responderé la otra pregunta, cuánto me tomó pintar (creo que así lo dijo) el *Nocturno*. Bueno, si no recuerdo mal, alrededor de un día.

-¿Apenas un día?

-Bueno, no estoy del todo seguro. Puede que le haya dado uno que retoque al día siguiente cuando la pintu-

85

ra estuvo seca. Diré mejor que trabaje en el cuadro dos días.

-Oh, pero por supuesto, ¡dos días! ¿Y por el trabajo de dos días pide doscientas guineas?...

-No. Las pido por el conocimiento de toda una vida. (Aplausos)

-¿Le han dicho alguna vez que sus cuadros exhiben ciertas excentricidades?

-Sí. A menudo.

(Risas)

-¿Los envía acaso a las galerías para provocar al público?

-Sería tan absurdo que no creo que pudiera hacerlo.

(Risas)

-¿Es consciente que la mayoría de críticos no están de acuerdo con sus opiniones sobre la pintura?

-Estoy por encima de las opiniones de los críticos.

-¿No aprueba entonces el oficio de la crítica?

-De ninguna manera desaprobaría una buena crítica técnica realizada por un hombre cuya vida entera la ha dedicado al oficio de la ciencia que critica, pero la opinión de un hombre cuya vida no haya dedicado a ello me importa tanto como le importaría a usted mi opinión sobre el derecho.

-¿Espera ser criticado?

-Por supuesto. Lo que no espero es que me afecte, a no ser que sea un caso como este. No es solo cuando la crítica es hostil que la rechazo, sino también cuando es incompetente. Sostengo fervientemente que solo un artista puede ser un crítico de arte competente.

-¿Deja usted sus cuadros en el jardín, Sr. Whistler? ¿O los cuelga en el tendedero para que se maduren al secarse?

-No le entiendo.

-¿Acaso no deja usted sus pinturas en el jardín?

-Ah, ya le entiendo. Al principio pensé que tal vez usted estaba usando un término que emplea para su propio trabajo. Sí, ciertamente dejo mis lienzos en el jardín para que se sequen al aire libre mientras pinto otros, pero lamento mucho la insinuación de dejarlos allí para que se "maduren" o "envejezcan".

-¿Por qué llama al Sr. Irving "un arreglo en negro..."?

(Risas)

El Barón Huddleston: "Es el cuadro y no el Sr. Irving lo que está en discusión".

Siguió una discusión y la inspección de los cuadros, e incidentalmente, el Barón Huddleston señaló que un crítico debe ser competente para formar una opinión y lo suficientemente audaz como para atreverse expresar una opinión en términos tan contundentes si es que fuese necesario.

El Fiscal General alegó que el Sr. Whistler, en ningún momento, respondió a una solicitud por escrito que los

87

abogados del demandado habían interpuesto para que el demandante permitiera la inspección de las pinturas que debía presentar en el juicio. El Sr. Whistler afirmó que el Sr. Arthur Severn había ido a su estudio para inspeccionar las pinturas en nombre del demandado, con el firme propósito de emitir un juicio final y resolver de una vez por todas la cuestión.

El interrogatorio continuó:

-¿Cuál era el tema del *Nocturno en azul y plata* adquirido por el Sr. Grahame?

-El efecto de luz de luna sobre el río cerca del viejo puente de Battersea.

-¿Y qué pasó con el *Nocturno en negro y dorado*?

-Pues está frente a ustedes.

(Risas)

El cuadro titulado *Nocturno en azul y plata* fue presentado en la corte.

-Ese es el cuadro que pertenece al Sr. Grahame. Representa el puente de Battersea a la luz de la luna.

Barón Huddleston: "¿Qué parte del cuadro es el puente?"

(Risas)

Su Señoría reprendió con seriedad a todos aquellos que rieron. Y el Sr. Whistler explicó a su Señoría la composición del cuadro. Luego le preguntaron:

-¿Afirma usted que esta es una representación fiel del puente de Battersea?

-No tenía la menor intención de que fuera un retrato "fiel" del puente. Es simplemente una escena a la luz de la luna, aunque el muelle en el centro del cuadro puede no parecerse a los muelles del puente de Battersea tal como se ven a plena luz del día. En cuanto a lo que representa la pintura, eso depende de quién lo mire. Para algunas personas puede representar todo lo que pretendo, para otras puede que no represente nada.

-¿El color predominante es azul?

-Tal vez.

-¿Las figuras en la parte superior del puente fueron pintadas para emular personas?

-Son justo lo que usted quiera que sean.

-¿Lo que hay debajo es un bote?

-Pues ese sí. Me alegra muchísimo que lo haya notado. En fin. En toda mi composición quería simplemente lograr una cierta armonía del color.

-¿Qué es eso color dorado en la parte derecha del cuadro y que parece una cascada?

-La "cascada de oro". Es un fuego artificial.

Luego se presentó un segundo *Nocturno en azul y plata*.

-Esa representa otra escena nocturna en el Támesis mirando hacia Battersea Reach. Acabé la mayor parte del cuadro en un día.

***

El tribunal suspendió su sesión. Durante el receso, el jurado pudo ver los cuadros que fueron expuestos en el Westminster Palace Hotel.

Tras el receso, el tribunal volvió en pleno y se presentó nuevamente el *Nocturno en negro y dorado*, y el Sr. Whistler fue sometido a más preguntas del Fiscal General.

-La pintura representa una vista lejana de Cremorne con un cohete en caída y otros fuegos artificiales. Demoró dos días en terminar el cuadro. El monograma negro del marco se colocó en su posición con referencia al adecuado equilibrio decorativo de todo el conjunto. Usted ha dedicado al estudio del arte toda su vida. Ahora bien, ¿/considera que cualquier persona que mire el cuadro podría concluir que no posee ninguna peculiar belleza?

-Tengo pruebas fehacientes de que el Sr. Ruskin llegó a esa conclusión.

-¿Cree que es justo que el Sr. Ruskin llegara a esa conclusión?

-No puedo responder qué es lo justo para el Sr. Ruskin.

-Sr. Whistler, en lo que respecta a la técnica, los versados en el tema no tendrán dificultad para comprender su obra, pero, ¿podría hacernos poder ver a nosotros la belleza en su pintura?

Whistler hizo entonces una pausa, examinó atentamente el rostro del Fiscal General y, mirando el cuadro alternadamente después de aparentemente haber estado reflexionado mucho sobre el tema mientras el tribunal esperaba en silencio su respuesta, afirmó:

-¡No! Me temo que sería igual que si a un músico lo hicieran tocar su música para los oídos de un público sordo. (Risas). Reconozco que he pintado tan conscientemente el cuadro para que valga doscientas guineas. Y he conocido a personas imparciales que expresaron la opinión de que en verdad representa fuegos artificiales en una escena nocturna, aunque nunca me quejaría si alguna persona tuviese una opinión diferente.

El tribunal suspendió la sesión.

Se reanudó al día siguiente, el martes, y el Fiscal General resumió su discurso en nombre del demandado y afirmó que esperaba convencer al jurado de que la crítica del Sr. Ruskin sobre la pintura del demandante era perfectamente justa y proferida de buena fe, por lo que, por severa que pudiera parecer, no había nada razonable de lo que el Sr. Whistler pudiera quejarse... Es más, que examinaran de nuevo el *Nocturno en azul y plata*, que, según el Sr. Whistler, representa el puente de Battersea, pero ¿qué era esa estructura en medio? ¿Un telescopio o una escalera de incendios? ¿Se parecía, así fuera un poco, al puente de Battersea? ¿Qué eran esas figuras en la parte superior del puente? ¿Eran caballos o diligencias? Y si así lo fueran, ¿cómo, en nombre de Dios, podrían salir de

91

allí? Así pues, si el argumento del demandante fuera sólido, entonces nadie podría aventurarse a expresar públicamente una opinión, pues de lo contario, él podría entablar una acción por daños y perjuicios contra cualquiera que se atreviera a expresarse.

Después de todo, los críticos tienen su utilidad. ¿Qué pasaría acaso con la poesía, la política, la pintura si se extinguieran los críticos? A los pintores les sea realmente difícil alcanzar el éxito. Ningún artista podría hacerlo salvo gracias a la crítica… En cuanto a los cuadros del Sr. Whistler, solo se podía llegar a la conclusión de que eran extrañas fantasías, indignas de ser llamadas Obras de Arte.

Ahora, en cuanto al cargo de difamación, el Fiscal General argumentó que el Sr. Ruskin no estaba en posición de poder interferir en la subsistencia de un hombre. Luego dijo "Tan solo ha ridiculizado los cuadros del Sr. Whistler. Y si el Sr. Whistler no soporta una broma, no debería exponerse a exhibir públicamente semejantes producciones". Además, que si algún hombre pensaba que su pintura era una chapuza, debería tener todo el derecho de decirlo sin temer el riesgo de recibir una demanda.

Así mismo, mencionó que el Sr. Ruskin no pudo comparar ante el jurado porque se encontraba demasiado enfermo como para poder asistir, pero, si hubiese podido hacerlo, habría hablado sin ningún problema sobre el trabajo del Sr. Whistler en el estrado.

Afirmó que el Sr. Ruskin sentía la más alta estima por las pinturas acabadas y que exigía que todo artista tuviera más que algunos simples destellos de genialidad.

Así pues, como el Sr. Ruskin sostiene esas opiniones, no era para nada de extrañar que su atención se sintiera atraída hacia las precarias pinturas del Sr. Whistler.

Se contraargumentó que el Sr. Ruskin sometió las pinturas a la burla y el desprecio público, al haber dicho de ellas que "la arrogancia y la mal educada presunción del artista la acerca tanto al aspecto de una deliberada impostura". Además, si sus cuadros fueran meras extravagancias, ¿en qué hubiera beneficiado al Sr. Whislter enviarlas a la Galería Grosvenor para que fueran allí expuestas?

Pero el punto que el Sr. Ruskin quería señalar, era que algún caballero de espíritu artístico de Manchester, Leeds o Sheffield, al ver esa pintura expuesta, podría, quizás, verse inducido a comprar uno de los cuadros del Sr. Whistler, y que el Sr. Whistler podría haberse quedado fácilmente en Manchester, Sheffield o Leeds, con ese dinero en el bolsillo.

Se dijo también, a favor del demandante, que el término "mal educada presunción" nunca debió haberse aplicado al trabajo del Sr. Whistler, que había dedicado toda su vida a educarse sobre arte y que las opiniones del Sr.

Ruskin no coincidían con el gran éxito del Sr. Whistler. El alegato de difamación también incluía la frase: "nunca espere oír a un petimetre pedir doscientas guineas por arrojar un bote de pintura a la cara del público". ¿Qué significaba ello? Buscaron en un diccionario y encontraron que "petimetre" provenía de la antigua idea del bufón que usaba un gorro con campanitas o una cresta de gallo, y que iban haciendo bromas para el entretenimiento de su amo y su familia. La defensa del demandado alegó que si esa era la verdadera definición, entonces que el Sr. Whistler no tenía por qué quejarse, pues sus cuadros habían proporcionado un gran entretenimiento al público, siendo una broma tan divertida, y que nunca antes el público británico había gozado de tanta diversión como con los cuadros del Sr. Whistler.

Se arguyó también que, hasta ese momento, el Sr. Ruskin había gozado de una larga vida sin ser atacado y que nadie había intentado controlar su pluma a través de un juicio. El Sr. Ruskin, dijo su defensor, no se retractaba de una sola sílaba en su crítica y que creía fielmente que era acertada. El defensor se lamentó de que en caso de un veredicto contra el Sr. Ruskin, él tendría que dejar de escribir. En caso tal, sin duda sería un triste día para el arte en Inglaterra, aquel en el que se le impidiera al Sr. Ruskin dedicarse a la crítica legítima, simplemente por diferenciar lo que es bello de lo que no.

Posteriormente, se presentaron ciertas evidencias a favor del demandado y testigos citados por su defensa, como los Sres. Edward Burne-Jones, Frith y Tom Taylor.

El Sr. Edward Burne-Jones fue llamado al estrado.

El Sr. Bowen, para defender adecuadamente al Sr. Ruskin, procedió a leer extractos de elogios sobre el Sr. Whistler de los propios escritos del demandado.

Entonces comenzó el interrogatorio al testigo y en respuesta a la pregunta del Sr. Bowen, el Sr. Jones respondió:

-Soy pintor y he dedicado casi veinte años a su estudio. He pintado varias obras, como *Days of Creation* y *Venus's Mirror*, expuestas en la galería Grosvenor en 1877. También he expuesto *Deferentia, Fides, St. Jorge y Sybil*. Además, tengo actualmente una obra, *Merlin and Vivian*, expuesta en París. En mi opinión, el objetivo de todo artista es terminar una pintura. Un cuadro, por ningún motivo, debería exponerse, como así ha sido por siglos y siglos, sin estar totalmente terminada.

-Sr. Bowen: "¿Ve usted alguna calidad artística en ese *Nocturno*, Sr. Jones?".

-Sr. Jones: "Sí... He de decir la verdad, lo he jurado...". (Emoción)

-Sr. Bowen: "Correcto. Bien, Sr. Jones, ¿qué cualidad ve en su obra?".

-Sr. Jones: "El color. Tiene un fino color. Y su atmósfera".

95

-Sr. Bowen: "Bueno, ¿considera que el detalle y la composición son esenciales en la obra de arte?".

-Sr. Jones: "Ciertamente, por supuesto".

-Sr. Bowen: "Entonces, ¿qué detalle y composición encuentras en este *Nocturno*?".

-Sr. Jones: "Absolutamente ninguno".

-Sr. Bowen: "¿Cree usted que doscientas guineas es un precio elevado por semejante cuadro?".

-Sr. Jones: "Sí. Al pensar en la cantidad de trabajo serio que tomó hacerlo, se esperaría una suma mucho menor".

El interrogatorio continuó.

-¿El *Nocturno* muestra el acabado que es esperaría de una obra de arte completa?

-En absoluto. El cuadro que representa una escena nocturna en Battersea Bridge, y aunque es bueno en color, es desconcertante en su forma. No hay visos de composición ni detalle. Un día o un día y medio me parece un tiempo suficientemente razonable para haberlo pintado. Tampoco está acabado, es un simple boceto. El *Nocturno en negro y dorado* no tiene el mérito de los otros dos cuadros, y sería imposible considerarlo una obra de arte seria. El cuadro del Sr. Whistler es solo uno de los mil fracasos de querer retratar la noche. Naturalmente, el cuadro no vale doscientas guineas.

El Sr. Bowen intentó mostrar al testigo y al jurado una obra de Tiziano para demostrar lo que significaba una obra acabada.

96

El Sr. Serjeant Parry objetó.

El Barón Huddleston sentenció: "Debe probar que es un Tiziano".

-Sr. Bowen: "Puedo hacerlo".

-Sr. Barón Huddleston: "Es difícil probarlo. No quiero causar burlas, pero recuerde el caso bien conocido de un Tiziano supuestamente real, que se compró con la intención de permitir a los estudiantes descubrir cómo el artista producía esos maravillosos colores. Con ese objetivo en mente, frotaron el cuadro, y hallaron una superficie roja debajo de la cual, así pensaron, estaba el secreto de su maestría, pero que al continuar frotando, terminaron por descubrir un retrato de cuerpo entero del Jorge III en uniforme".

Aun así, al Sr. Jones se le invitó a mirar el cuadro y dijo: "Es el retrato del Doge Andrea Gritti, estoy seguro de que es Tiziano real. Es evidente el acabado. Es una muestra perfecta de uno de los acabados más superiores del arte antiguo".

Habiendo señalado las maravillas del retrato, continuó:

-Creo que el Sr. Whistler tuvo grandes dotes en sus inicios, que no ha empleado desde entonces. Ha eludido las dificultades de arte, porque la dificultad de un artista aumenta cada día de su vida profesional.

Tras eso, se le preguntó: "¿Cuál es el valor de este Tiziano? ¿Vale mil guineas?".

- Valdría muchas miles, para mí.

Y habiendo dicho esto, el Sr. Frith pasó entonces al estrado.

-Soy un académico de la Royal Academy y he dedicado mi vida a la pintura. Soy miembro de las Academias de varios países. Soy el autor de *Railway Station*, *Derby Day*, y *Rake's Progress*. He visto los cuadros del Sr. Whistler y, en mi opinión, no son obras de arte serias. El Nocturno en negro y dorado no puede ser llamado obra de arte para mí. No hay nada de la verdadera representación del agua ni de la atmósfera en la pintura de Battersea Bridge. Que hay un color bonito que agrada a la vista, es cierto, pero nada más. En mi opinión, el detalle de la luz de la luna no es creíble. El cuadro no vale doscientas guineas. La composición y el detalle son aspectos fundamentales en un cuadro. Por supuesto, en nuestra profesión, hombres de igual mérito diferirían en cuanto al carácter de un cuadro. Uno lo criticará, mientras otro lo llenará de elogios. Personalmente, no he expuesto en la galería Grosvenor y para dejar constancia, he leído los trabajos del Sr. Ruskin.

El Sr. Frith se retiró.

Pasó al estrado el Sr. Tom Taylor, comisionado, dramaturgo, editor de Punch, etc., etc.

-Soy un crítico de arte experimentado. He fungido como tal para diversos periódicos y revistas durante los últimos veinte años. He editado *Life of Reynolds* y

Haydon. Desde siempre he estudiado el arte y al ver estas pinturas del Sr. Whistler expuestas en las galerías Dudley y Grosvenor, estimé que el *Nocturno en negro y dorado* no podría ser catalogado como una obra de arte seria.

El testigo sacó de los bolsillos de su abrigo algunas copias del *Times* y, con la venia del tribunal, leyó con entusiasmo su propia crítica, tras lo cual quiso adherirle: "Todo el trabajo del Sr. Whistler está inacabado. Son meros esbozos. Sin duda, posee cualidades artísticas y cierta destreza en las cualidades del tono, pero no está terminado. Toda su obra responde a la naturaleza del bosquejo. Así lo he expresado y me mantengo en la opinión de que estos cuadros por poco parecen más una pintura que a un papel teñido.

Con esto se puso fin al caso.

Veredicto a favor del demandante.

Compensación por daños y perjuicios por un cuarto de penique.

WHISTLER CONTRA RUSKIN

Whistler
Art & Critics. 1878

LE FIN MOT y el espíritu de este asunto parecen haber sido completamente pasados por alto o, quizas, voluntariamente ignorados por los periódicos en sus notas de prensa. Sus corresponsales se han centrado, de manera persistente y para nada inesperada, en nada más allá que en el caso legal inmediato, es decir, en la simple diferente entre el Sr. Ruskin y yo, que culminó con un veredicto a favor mío por difamación.

Ahora bien, la guerra, cuya escaramuza inicial se libró el otro día en Westminster, fue, en realidad, una batalla entre el pincel y la pluma, e involucra literalmente, tal como lo insinuó el propio Fiscal General, la *raison d'être* del crítico. Al clamor, por su parte, de "*Il faut vivre*", encuentro, ciertamente, que la respuesta adecuada en este caso es, sin duda alguna, "*Je n'en vois pas la necessité*".

Lejos estoy, a estas alturas, en ahondar más en esta discusión de lo que hice al ser interrogado por Sir John Holker. En ese entonces, me limité a responder de forma general que "de ninguna manera desaprobaría una buena crítica cuando proviene de un hombre cuya vida la ha dedicado a la ciencia que critica". Aun así, la posición del Sr. Ruskin como una autoridad en el arte no fue cuestionada durante el juicio. Haber afirmado que la opinión del Sr. Ruskin, entre todos los hombres inteligentes, no es más que la opinión de un *littérateur* y por tanto falsa y ridícula, hubiese sido una sentencia a la hoguera, a ser quemado vivo o apedreado antes incluso de poder oír el veredicto, y no era para lo que yo había acudido a la corte.

Una y otra vez el Fiscal General grita alto, en la agonía de su causa: "¿Qué será de la pintura si los críticos retienen sus azotes?"

También podría preguntarse qué sería de las matemáticas en circunstancia similares; si eso fuera posible. Sostengo que el matemático continuara sumando dos más dos para obtener cuatro, a pesar de que el aficionado se lamente diciendo que el resultado es tres o del quejido del crítico que exige que le dé cinco. Se nos dice que el Sr. Ruskin ha dedicado devotamente su larga vida al arte y, como resultado, da la cátedra Slade en Oxford. En la misma frase, tenemos así su posición y su valor. No es suficiente. ¡No, *messieurs*! Una vida entre cuadros no hace a un pintor, de ser así, el policía de la Galería Nacional también podría serlo. Sería como alegar que quien vive en una biblioteca morirá siendo poeta. ¡No dejemos que el Sr. Ruskin se engañe a sí mismo creyendo que su mayor educación es lo que marca la diferencia entre él y el policía cuando ambos van a la misma Galería!

Allí podrían permanecer hasta el final de los tiempos, el uno guarda un silencio decente, el otro, en un buen inglés, dice un sinfín de palabras vacuas y pomposas, inusitado ante la presencia de Maestros cuyos nombres le resultan sacrílegamente familiares, cuyas intenciones cree interpretar, cuyos vicios cree descubrir con la facilidad del incapaz y cuyas virtudes comenta con una verborragia y fluidez que, si pudiera oírlo el mismo Tiziano, quedaría tan sorprendentemente asombrado como cuando Balaam escuchó al primer gran crítico proferir su opinión.

Aparte de este caso, en el que el colapso fue inmediato, la criatura del crítico es comparativamente moderno y, ciertamente, su esplendor es solo reciente. En su plenitud incluye cualidades evolucionadas a partir de las últimas ligerezas del presente. De hecho, el *fine fleur* de su tipo surge en París y, a su lado, el crítico inglés no es más que un tipo tosco y torpe; aunque, no debería reprochársele su inferioridad, pues no es más que la consecuencia de las oportunidades desaprovechadas. Lo cierto es que, en comparación con su hermano de los bulevares, el británico fue mal dotado por la naturaleza. Se tomó muy en serio el destino del farsante, destruyó la desenfada carrera del crítico de arte, logrando que su esencia misma radi-

102

que en el agudo sentido de su existencia efímera y en su consecuente horror de aburrir al mundo. En resumen, rara vez nuestra gente percibe la broma de la vida, mientras que esto constituye el resorte principal del *savoir-faire* parisino. La delicadeza del francés, adquirida tras largas horas de ocio y charlas inteligentes en cafés, además del desparpajo y la fácil seguridad del *petit crevé*, combinado con el *chic* de gran hábito, de la brillante blague de los ateliers, de la destreza de su argot, del ingenio de Fígaro y del talento para párrafos cortos que les permite escribir sobre una pintura "*C'est bien écrit!*" y sobre un tema, "*C'est bien écrit!*", son elementos imposibles en esta isla.

Aun así, entre los "diversos" especímenes nuestros, es posible notar una minúscula sensación de progreso al mirar entre ellos. Se perciben en muchos ellos indicios de su época y, curiosamente, su trabajo sugiere una similitud entre su ser y los vehículos que podríamos imaginar transportándolos a ganarse su sustento.

El crítico como el viejo y resistente Tom, el ajetreado autobús de la ciudad, con sus fuertes sacudidas y muchas paradas, siempre constante y persistente en el mismo viejo camino ya desgastado, girando por cada esquina conocida, sin ninguna esperanza de novedad en su trayecto, sombrío y monótono debe cumplir con su deber diario para la barata compañía, luchando por llegar a su destino, deteniéndose siempre en el mismo banco en el que, invariablemente, el conductor, con un gesto, bromea como el mozo de la puerta. Luego, están los periodistas, sus carruajes avanzan a gran velocidad por doquier, queriendo captar cada instante para que la novedad de cada acontecimiento no sea obsoleta o para que no esfume su comentario inédito. Y así, uno o dos carruajes corren solemnemente hasta las redacciones, mientras los colaboradores que van en bicicleta se atraviesan irresponsablemente los unos a los otros por unos pocos, pero felices peniques.

¡En verdad, todo es un negocio!

¡Y no hay nada de impostura en ellos! ¡Nada de exageraciones! Todos creen "hacer el bien", todos contribuyen al Arte. ¡Pobre Arte! ¡En qué estado tan lamentable se encuentra el desgraciado! Cómo estos caballeros creen ayudarlo, mientras el artista queda relegado sin ningún propósito y nunca es consultado, porque, a su juicio, la obra del artista es explicada y corregida sin él por aquel que nunca estuvo involucrado en ella, pero a quien Dios, siempre bondadoso y magnánimo, aunque a veces descuidado, dotó con el vasto conocimiento que al propio autor le fue negado; pobre diablo.

El Fiscal General aseguró: "Hay algunas personas que eliminarían a los críticos por completo". Estoy de acuerdo con él, es más, yo soy uno de los irracionales que señala, pero permítanme aclararlo, ¡solo acabaría con el crítico de arte! Es razonable que a los escritores se les permita destruir sus propios críticos, sus *littérateurs*, para el beneficio de la escritura. ¿Quién, sino ellos, deben insistir en las bellezas de la literatura y descartar los deméritos de sus hermanos *littérateurs*? Y estos, a su vez, serán destruidos por otros escritores, y el alegre juego continuará hasta que prevalezca la verdad.

Así pues, a la pregunta, ¿Debería el pintor decidir sobre la pintura o debería el crítico ser la única autoridad? Respondo que aunque esta suposición es un tanto agresiva, me temo que, con el tiempo, esta idea se ha establecido tanto que nuestra época acepta solo como cánones artísticos o reconocen obras maestras, solo siguiendo lo que los caballeros de la pluma acepten o reconozcan.

Dejemos que el trabajo sea recibido en silencio, como lo era en los días en que los escritores aun hablaban de esta época en la que el arte estaba en su apogeo. Ahora, nos encontramos a menudo con la repetida apología de la importancia del crítico y nos damos cuenta de cuán grande es su anquilosamiento. El crítico se califica a sí mismo como el medicamento necesario para la salud del pintor y afirma le hace bien a su arte. Al tiempo, con la misma tinta, se lamenta de la decadencia que lo rodea y sostiene que el peor trabajo se hizo cuando él no estuvo allí para ayudarlo. ¡No! ¡Que no haya críticos! No son un "mal necesario", sino uno totalmente innecesario y, ciertamente, un gran mal. Hacen daño, y nunca el bien. Provistos de los medios para defender su propia necesidad, difunden prejuicios y, a través de los muchos periódicos a su servicio, miles de ciudadanos son advertidos contra obras que aún no han siquiera podido ver. Y aquí uno se siente tentado a ir más allá, a mostrar la gran idiotez y la impertinencia de aquellos cuyas palabras se imprimen hoy como ley.

Cómo aquel en *The Times* del 6 de junio de 1864, que consideró a Velázquez "descuidado en su ejecución, pobre en color, poco más que una combinación de grises neutros, además de feo en sus formas", y cómo elogio dichoso un Turner que resultó, en realidad, no ser ningún Turner, tal como el propio Sr. Ruskin lo demostró.

¡Ruskin! ¡A quien también este personaje ha elogiado! ¡Ah! *Messieurs*, lo que nuestros vecinos llaman *la malice des choses* era algo impensable, y el sarcasmo del destino estaba en su contra. Cómo una escoba de Gerard Dow fue ejemplo para los jóvenes y cómo Canaletto y Paolo Veronese fueron barridos con ella. Cómo Rembrandt es vulgar y Carlo Dolci noble (junto a otros de este tipo). Pero. ¿qué importa! "¿A quién le importa?", dicen. La farsa continuará y su solemnidad solo hará más gracia.

La mediocridad es halagada por reconocer la mediocridad, y confundiendo la mistificación con la maestría, entra en la niebla del *diletantismo* y, termina por graduarse como *connoisseur* para terminar sus días confundiendo baratijas y falsificaciones en Birmingham.

El "gusto" se ha confundido durante mucho tiempo con capacidad y es aceptado como cualificación suficiente para emitir juicios en música, poesía y pintura. El arte es recibido con euforia como un asunto de mera opinión y la modernidad ya no tolera la idea de que el arte debería acotarse en ideas tan rígidas y definidas como las de las ciencias conocidas. Si bien ningún miembro refinado de la sociedad se ve afectado por admitir que no es ni ingeniero, ni matemático, ni astrónomo y, por lo tanto, permanece discretamente alejado de estos temas, se ofende profundamente si se le creyera incapaz de opinar sobre lo que, para él, es claramente una cuestión de "gustos" y, por tanto, se hace imperiosamente en un defensor del crítico, ¡quien es la causa y la consecuencia de su propia ignorancia y vanidad! La fascinación por esta figura lo supera y aplaude con excesivo entusiasmo su justificación, y como la modestia y el buen sentido no se inmuta por nada, el milenio del "gusto" comienza.

Todo el esquema es bastante sencillo: las galerías abrirán los domingos y el público, arrastrándose desde los bares al Museo Británico, se deleitará con los Mármoles de Elgin y apreciará lo que los primeros italianos hicieron para elevar sus almas sedientas. Eso sí, una incursión en un laboratorio se consideraría una intrusión, pero ante los triunfos del arte, el expositor está tranquilo y sostiene la doctrina que los resultados de Rafael están al alcance de cualquier simple espectador siempre y cuando se inscriba a un curso con Ruskin o escuche a Colvin en las provincias. El pueblo será educado sobre la enorme amplitud del "gusto" y poco importará realmente a quién se le encargue tal tarea, si a un "caballero" o a un "erudito", pues la elocuencia, por si sola, los guiará y, con frecuencia, el escritor más hábil o el orador más prolífico y elocuente será, a fuerza, el elegido profesor.

¡Imaginen al Observatorio en Greenwich bajo la dirección de un boticario! ¡Al Colegio de Médicos con Tennyson como presidente! Tendríamos la certeza de que la locura está cerca. Pero una escuela de arte con un *littérateur* consumado a su cabeza no inquieta a nadie, es más, en realidad es lo que se espera y así ¡Ruskin escribe para sus alumnos y Colvin diserta en Cambridge!

Aun así, Ruskin se mantiene en completa soledad, y aunque su escritura es arte, el arte es indigno de su escritura. A él, y a su ejemplo, le debemos el ultraje de la colaboración ofrecida por los no científicos, la intromisión de los impertinentes, la intrusión de los parlanchines. El arte, que por siglos ha esculpido su propia historia en mármol y escrito sus propios comentarios en lienzos, ¿debería de repente detenerse a balbucear y esperar sabiduría del transeúnte común que espera guiarlo tomándolo con una mano que nunca antes ha sostenido ni brocha ni cincel? ¡Qué atrevimiento! Vaya ironía resulta que el Sr. Ruskin predique a los jóvenes sobre lo que ni el mismo puede hacer. ¿Por qué, insatisfecho con su consciente poder, ha elegido convertirse en el modelo de la incompetencia al hablar por cuarenta años de lo que nunca ha hecho?

Que renuncie a su cátedra actual y que ocupe una silla en la de ética de la universidad. Como maestro de literatura inglesa tiene derecho a sus laureles, pero como popularizador del arte sigue siendo el Peter Parley de la pintura.

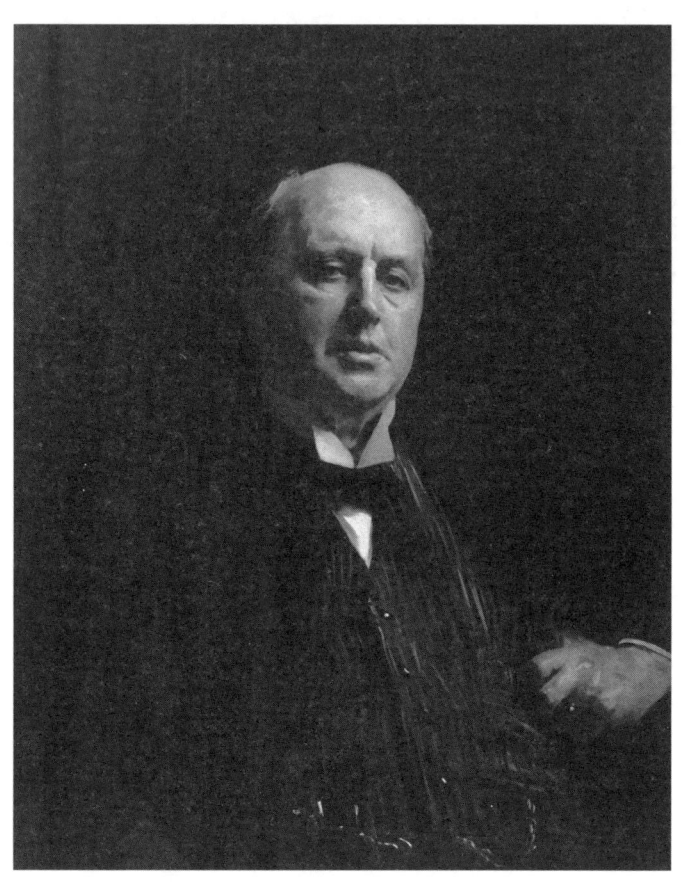

HENRY JAMES
(Nueva York, 1843 - Londres, 1916)
retratado por John Singer Sargent en 1913

SOBRE LA DISPUTA WHISTLER *VS* RUKIN

Henry James
The Nation. Diciembre 1878 y Febrero 1879

I. LA DEMANDA POR DIFAMACIÓN.

El público londinense nunca se está por muchos días, sin algún tipo de disputa célebre. La última novedad, en este sentido, ha sido la demanda por daños y perjuicios contra el Sr. Ruskin por el Sr. James Whistler, el pintor americano, la semana pasada. El Sr. Whistler es bien conocido en el mundo londinense y su notoriedad, combinada con el renombre del acusado y la naturaleza del caso, han hecho que el suceso sea la comidilla del momento. Todos los periódicos han publicado artículos de fondo sobre el asunto y la gente ha debatido por algunas horas, más positivamente de lo que se había llegado a suponer que podrían discrepar sobre algún asunto, salvo sobre el carácter del liderazgo político de Lord Beaconsfield. El perjuicio sufrido por el Sr. Whistler reside en un párrafo publicado hace más de un año en ese extraño manifiesto mensual titulado *Fors Clavigera*, que el Sr. Ruskin había publicado durante mucho tiempo, pensando en un público en parte edificado, en parte irritado y en gran medida divertido. El Sr. Ruskin habló largo y tendido sobre las piezas expuestas en la galería Grosvenor y, ofendiendo al Sr. Whistler, aludió a su obra en los siguientes términos:

Por el bien del propio Sr. Whistler, y también por la protección de algún comprador, Sir Coutts Lindsay no debería admitir en su galería obras en las que la arrogancia y la mal educada presunción del artista se acerca tanto al aspecto de una deliberada impostura. He visto y oído, desde mucho antes, de la insolencia y el descaro *cockney*, pero nunca espere oír a un petimetre pedir doscientas guineas por arrojar un bote de pintura a la cara del público.

El Sr. Whistler alegó que estas palabras eran difamatorias y que, viniendo de una eminencia en la crítica como el Sr. Ruskin, le habían causado, profesionalmente, graves daños y solicitó una indemnización de £1.000. El caso tuvo una audiencia de dos días y fue un espectáculo singular y sumamente lamentable. Si hubiera ocurrido en alguna gran ciudad del oeste americano, habría sido calificado como un asunto provinciano y bárbaro, pero, bajo las majestuosas torres de Westminster, difícilmente lo presentarían con un aspecto más elevado.

Se acudió a un jurado de contribuyentes ordinarios para decidir si las pinturas del Sr. Whistler pertenecían a una de las categorías artísticas superiores, además de resolver qué grado de completitud de una obra era necesario para decir que el cuadro estaba satisfactoriamente terminado. Varios de sus singulares lienzos fueron presentados ante el tribunal y el abogado defensor, refiriéndose a uno de ellos, pidió al jurado que se pronunciara si se trataba de una "representación fiel" del puente de Battersea. Se citaron testigos por ambas partes a declarar sobre el valor de las producciones del Sr. Whistler, y el Sr. Ruskin tuvo el honor de que su opinión fuera corroborada por el Sr. Frith. El testigo de mayor peso, el más inteligente y, aparentemente, el más reacio, fue el del Sr. Burne-Jones, que pareció entrever el ridículo de semejante espectáculo al que había sido citado por la defensa, y que hablo de las habilidades del Sr. Whistler, aduciendo a la belleza del color e indicando el extraordinario poder para representar la atmosfera, pero, además, argumentando que la pintura, a lo sumo, eran los bosquejos faltamente deficientes, de una obra inacabada. Por lo demás, la crudeza y ligereza de todo el asunto fue realmente doloroso y pocos sucesos, creo, han contribuido a vulgarizar tanto el sentido público de la producción artística.

El jurado le concedió al Sr. Whistler una indemnización por daños nominales. La opinión de los periódicos afirma que, por lo menos, ha obtenido más de lo que merecía, y que más dinero hubiese sido un duro golpe a la libertad de la crítica. Confieso que me cuesta estimar lo que el Sr. Whistler debería haber ganado, pero, dejando de lado el grado de aprecio que uno tenga por sus obras, comprendo perfectamente su resentimiento. El lenguaje del Sr. Ruskin trasgrede por mucho la decencia de la crítica y ha hecho gala de ello durante los últimos años, vanagloriándose con una promiscua que a uno, ciertamente, le resulta grato, por el sentido de la justicia, verlo acusado de ser un personaje problemático. Por otra parte, es un libertino certificado que se ha contratado a sí mismo en el oficio de regañón universal. Son conocidos sus malos modales literarios y muchos de sus contempéranos los han sufrido sin quejarse. Casi con toda seguridad, habría sido más prudente por parte del Sr. Whistler fingir indiferencia. Desafortunadamente, las producciones del Sr. Whistler son tan excéntricas e imperfectas (me refiere solo a lo que atañe a su pintura, pues sus grabados son un asunto completamente distinto y, en conjunto, verdaderamente admirables) que la denuncia de su crítico no podía quedar desestimada por sí sola. Me sorprende que ante un jurado británico tuvieran alguna oportunidad el caso; debió haber sido un terrible rompecabezas.

El veredicto, por supuesto, no satisfizo a ninguna de las partes. El Sr. Ruskin fue formalmente condenado, pero el demandante no recibió la compensación esperada; prácticamente ninguna. El Sr. Ruskin, sin duda, tampoco se sintió complacido al descubrir que el peso de su desaprobación crítica está representado por un cuarto de penique.

II. LA RÉPLICA DEL SR. WHISTLER.

Como secuela del breve relato de la demanda de Whistler *vs*. Ruskin, puede agregarse el hecho de que el demandante, recientemente, ha publicado un pequeño folleto en el que se extiende sobre el tema de la crítica de arte.

Este diminuto folleto, publicado por Chatto & Windus, que consta de diecisiete pequeñísimas páginas bellamente impresas y ya va por su sexta edición, se vende por un chelín y puede encontrarse en la mayoría de los escaparates. Es muy un texto propio del pintor, y bastante entretenedlo, pero no estoy seguro de que en realidad haya prestado un servicio encomiable a la causa que él defiende. La causa que el Sr. Whistler defiende es la absoluta supresión y extinción, de una vez por todas, del crítico de arte y de su función. Según el Sr. Whistler, el crítico de arte es una impertinencia, una molestia, una monstruosidad y, por lo demás, un completo idiota.

El Sr. Whistler escribe en un tono desenfadado y coloquial, salpicando todo de francés, que bien podría consi-

115

derarse un estilo familiar si uno encontrara a menudo cosas parecidas. No escribe tan bien como pinta, pero su pequeña diatriba contra los críticos resulta sugestiva. El sentimiento de irritación del pintor es interesante, porque insinúa estado de ánimo de muchos de sus hermanos de pincel frente a disquisiciones torpes e incompetentes de ciertos miembros de la fraternidad que juzga sus obras.

"Dejemos que el trabajo sea recibido en silencio", dice el Sr. Whistler, "como lo era en los días en que los escritores aun hablaban de esta época en la que el arte estaba en su apogeo". Es muy despectivo con el "escritor" y es justamente por ser un escritor que menosprecia la existencia de su adversario. En ningún momento intenta dar un argumento sólido contra el comentarista de pinturas, pues, para el Sr. Whistler, basta con saber que el Sr. Ruskin es un *littérateur* y, como *littérateur*, debe ocuparse solo de sus propios asuntos. El Sr. Whistler también ataca al Sr. Tom Taylor, quien elabora los reportajes sobre las exposiciones en el *Times* y que hace quince años tuvo la inoportuna osadía de expresarse de forma poco inteligente de un cuadro de Velázquez.

"¡Imaginen al Observatorio en Greenwich bajo la dirección de un boticario!", dice el Sr. Whistler, "¡Al Colegio de Médicos con Tennyson como presidente! Tendríamos la certeza de que la locura está cerca. Pero una escuela de arte con un consumado *littérateur* a su cabeza no inquie-

116

ta a nadie, es más, en realidad es lo que se espera y así ¡Ruskin escribe para sus alumnos y Colvin diserta en Cambridge! Aun así, Ruskin se mantiene en completa soledad, y aunque su escritura es arte, el arte es indigno de su escritura. A él, y a su ejemplo, le debemos el ultraje de la colaboración ofrecida por los no científicos, la intromisión de los impertinentes, la intrusión de los parlanchines. El arte, que por siglos ha esculpido su propia historia en mármol y escrito sus propios comentarios en lienzos, ¿debería de repente detenerse a balbucear y esperar sabiduría del transeúnte común que espera guiarlo tomándolo con una mano que nunca antes ha sostenido ni brocha ni cincel? ¡Qué atrevimiento! Vaya ironía resulta que el Sr. Ruskin predique a los jóvenes sobre lo que ni el mismo puede hacer. ¿Por qué, insatisfecho con su consciente poder, ha elegido convertirse en el modelo de la incompetencia al hablar por cuarenta años de lo que nunca ha hecho?"

El Sr. Whistler termina su diatriba llamando al Sr. Ruskin, cuyos escritos, sospecho, ha apenas leído un número infinitesimal de páginas, "el Peter Parley de la pintura". Todo esto está muy lejos de acabar con toda esta situación, pero es fácil comprender el estado de ánimo de un artista londinense (para no ir más lejos) que hojea las críticas de las revistas locales. No tengo ningún escrúpulo en afirmar que estas críticas son, en su mayoría, increíblemente débiles y en exceso inexpertas, pues al pasar de una de ellas a un *feuilleton* crítico en uno de los periódicos parisinos, uno siente que pasa de civilización primitiva a una muy elevada. Sin embargo, aunque nuestras críticas de arte fueran mucho mejores, la protesta del artista contra el crítico seguiría teniendo una considerable validez.

Pocas personas podrán negar que el desarrollo de la crítica en nuestros días se ha vuelto desmesurado y que mucho de lo que se escribe hoy bajo ese exaltado título resulta ocioso y superficial. La queja del Sr. Whistler es un descontento general y, me temo que nunca será atendida salvo motivos especiales o excepcionales. Toda la fraternidad artística está en el mismo barco: pintores, arquitectos, poetas, novelistas, dramaturgos, actores, músicos, cantantes. Todos tiene una disputa permanente y, en muchos sentidos, justa con la crítica, pero, sin embargo, muchos de ellos se conforman con saber que a través de ella, atraen a un público lleno de las más diversas preocupaciones y de una gran variedad en sus intereses, por lo que la crítica los gratifica tanto como los disgusta. El arte es una de las necesidades de la vida, pero ni siquiera los mismos críticos afirmarían que la crítica no es algo más que un simple lujo agradable, algo así como una charla impresa. Sí, para los criticados quizás sea mucho decir que resulta "agradable", pero podría decirse que, a su favor, probablemente resulte "agradable" a largo plazo.